U0521797

广州城市智库丛书

广州千年商都文化的历史轨迹与传承创新

王美怡 黄柏莉 李燕 等 ◎ 著

中国社会科学出版社

图书在版编目(CIP)数据

广州千年商都文化的历史轨迹与传承创新／王美怡等著 . —北京：中国社会科学出版社，2019.12

（广州城市智库丛书）

ISBN 978-7-5203-4296-4

Ⅰ.①广… Ⅱ.①王… Ⅲ.①商业史—研究—广州 Ⅳ.①F729

中国版本图书馆 CIP 数据核字（2019）第 296248 号

出 版 人	赵剑英
责任编辑	喻 苗
责任校对	王 龙
责任印制	王 超

出　　版	中国社会科学出版社
社　　址	北京鼓楼西大街甲 158 号
邮　　编	100720
网　　址	http://www.csspw.cn
发 行 部	010-84083685
门 市 部	010-84029450
经　　销	新华书店及其他书店
印　　刷	北京明恒达印务有限公司
装　　订	廊坊市广阳区广增装订厂
版　　次	2019 年 12 月第 1 版
印　　次	2019 年 12 月第 1 次印刷
开　　本	710×1000　1/16
印　　张	13
字　　数	169 千字
定　　价	59.00 元

凡购买中国社会科学出版社图书，如有质量问题请与本社营销中心联系调换
电话：010-84083683
版权所有　侵权必究

《广州城市智库丛书》
编审委员会

主　任　张跃国
副主任　朱名宏　杨再高　尹　涛　许　鹏

委　员（按拼音排序）
　　　　　白国强　杜家元　郭昂伟　郭艳华　何　江　黄石鼎
　　　　　黄　玉　刘碧坚　欧江波　覃　剑　王美怡　伍　庆
　　　　　胥东明　杨代友　叶志民　殷　俊　于　静　张　强
　　　　　张赛飞　曾德雄　曾俊良

总　　序

何谓智库？一般理解，智库是生产思想和传播智慧的专门机构。但是，生产思想产品的机构和行业还有不少，智库因何而存在，它的独特价值和主体功能体现在哪里？再深一层说，同为生产思想产品，每家智库的性质、定位、结构、功能各不相同，一家智库的生产方式、组织形式、产品内容和传播渠道又该如何界定？这些问题看似简单，实际上直接决定着一家智库的立身之本和发展之道，是必须首先回答清楚的根本问题。

从属性和功能上说，智库不是一般意义上的学术团体，也不是传统意义上的哲学社会科学研究机构，更不是所谓的"出点子""眉头一皱，计上心来"的术士俱乐部。概括起来，智库应具备三个基本要素：第一，要有明确目标，就是出思想、出成果，影响决策、服务决策，它是奔着决策去的；第二，要有主攻方向，就是某一领域、某个区域的重大理论和现实问题，它是直面重大问题的；第三，要有具体服务对象，就是某个层级、某个方面的决策者和政策制定者，它是择木而栖的。当然，智库的功能具有延展性、价值具有外溢性，但如果背离本质属性、偏离基本航向，智库必然惘然自失，甚至可有可无。因此，推动智库建设，既要遵循智库发展的一般规律，又要突出个体存在的特殊价值。也就是说，智库要区别于搞学科建设和教材体系的大学和一般学术研究机构，它重在综合运用理论和知识分析研判重大问题，这是对智库建设的一般要求；同时，具体到一家智库个体，又要依据自身独一无二的性质、类型和定位，塑造独特个性和鲜明风格，占据真正属于自己的空间和制高点，这是智库独立和自立的根本标志。当前，智库建设的理论和政策不一而足，实践探索也呈现出八仙过海之势，这当然有利于形成智库界的时代标签和身份识别，但在热情高涨、高歌猛进的大时代，也容易盲目跟风、漫天飞舞，以致破坏本就脆弱的智库生态。所以，我们可能还要保持一点冷静，从战略上认真思考智库到底应该怎么建，社科院智库应该怎么建，城市社科院智库又应该怎么建。

广州市社会科学院建院时间不短，在改革发展上也曾历经曲折艰难探索，但对于如何建设一所拿得起、顶得上、叫得响的新型城市智库，仍是一个崭新的时代课题。近几年，我们全面分析研判新型智库发展方向、趋势和规律，认真学习借鉴国内外智库建设的有益经验，对标全球城市未来演变态势和广州重大战略需求，深刻检视自身发展阶段和先天禀赋、后天条件，确定了建成市委市政府用得上、人民群众信得过、具有一定国际影响力和品牌知名度的新型城市智库的战略目标。围绕实现这个目标，边探索边思考、边实践边总结，初步形成了"1122335"的一套工作思路：明确一个立院之本，即坚持研究广州、服务决策的宗旨；明确一个主攻方向，即以决策研究咨询为主攻方向；坚持两个导向，即研究的目标导向和问题导向；提升两个能力，即综合研判能力和战略谋划能力；确立三个定位，即马克思主义重要理论阵地、党的意识形态工作重镇和新型城市智库；瞄准三大发展愿景，即创造战略性思想、构建枢纽型格局和打造国际化平台；发挥五大功能，即咨政建言、理论创新、舆论引导、公众服务、国际交往。很显然，未来，面对世界高度分化又高度整合的时代矛盾，我们跟不上、不适应的感觉将长期存在。由于世界变化的不确定性，没有耐力的人们常会感到身不由己、力不从心，唯有坚信事在人为、功在不舍的自觉自愿者，才会一直追逐梦想直至抵达理想的彼岸。正如习近平总书记在哲学社会科学工作座谈会上的讲话中指出的,"这是一个需要理论而且一定能够产生理论的时代,这是一个需要思想而且一定能够产生思想的时代。我们不能辜负了这个时代"。作为以生产思想和知识自期自许的智库,我们确实应该树立起具有标杆意义的目标,并且为之不懈努力。

智库风采千姿百态,但立足点还是在提高研究质量、推动内容创新上。有组织地开展重大课题研究,是广州市社会科学院提高研究质量、推动内容创新的尝试,也算是一个创举。总的考虑是,加强顶层设计、统筹协调和分类指导,突出优势和特色,形成系统化设计、专业化支撑、特色化配套、集成化创新的重大课题研究体系。这项工作由院统筹组织。在课题选项上,每个研究团队围绕广州城市发展战略需求和经济社会发展中重大理论与现实问题,结合各自业务专长和学术积累,每年初提出一个重大课题项目,经院内外专家三轮论证评析后,院里正式决定立项。在课题管理上,要求从基本逻辑与文字表达、基础理论与实践探索、实地调研与方法集成、综合研判与战略谋划等方面反复打磨锤炼,结项仍然要经过三轮评审,并集中举行重大课题成果发布会。在成果转化应用上,建设"研究专报+刊物发表+成果发布+媒体宣传+著作出版"组合式转化传播平台,形成延伸转化、彼此补充、互相支撑的系列成果。自2016年以来,广州市社会科学院已组织开展40多项重大课题研究,积累了一批具有一定学术价值和应用价值的研究成果,这些成果绝大部分以专报方式呈送市委、市政府作为决策参考,对广州城市发展产生了积极影响,有些内容经媒体宣传报道,也产生了一定的社会影响。我们认为,遴选一些质量较高、符合出版要求的研究成果统一出版,既可以记录我们成长的足迹,也能为关注城市问题和广州实践的各界人士提供一个观察窗口,应该是很有意义的一件事情。因此,我们充满底气地策划出版这套智库丛书，并且希望将这项工作常态化、制度化，在智库建设实践中形成一条兼具地方特色和时代特点的景观带。

感谢同事们的辛勤劳作。他们的执着和奉献不单升华了自我，也点亮了一座城市通向未来的智慧之光。

广州市社会科学院党组书记、院长

张跃国

2018年12月3日

前　　言

　　广州,是世界上唯一一座历经两千年的时移世易和风霜洗礼,却一直占据着世界贸易大港地位的城市。两千多年来,广州保持了城市商贸活动持久而稳定的繁荣,这也是世界城市发展史上唯一的案例。作为全世界唯一两千年不衰的贸易港口,广州形成了独特的商业文化"软实力"和根基扎实的营商环境。同时,凭借底蕴深厚的商业文化根基与资源优势,广州在文化传承、制度创新、财富积累和营商环境建设等方面,贡献了许多"先行一步"的经验,逐渐形成了内涵深厚、源远流长的"千年商都"文化软实力。历经两千年的传承和积淀所形成的千年商都文化软实力,是广州最珍贵的历史遗产,也是当代广州建设国际化营商环境的优势条件和重要基石。

　　当前,在国家大力推进"一带一路"建设和建设粤港澳大湾区的热潮中,广州作为国家中心城市的引领和带动作用将得到进一步加强。但是,由于种种原因,在争论中国大城市的实力排名和未来定位时,特别是在广州的经济总量被深圳超越的情况下,舆论上出现了一些"唱衰"广州的声音。长期以来,由于抑商、轻商的文化惯性和远离中原"大一统"文化的地缘特点,广州也一直处于被贬作"文化沙漠"的文化焦虑之中。广州自古以来的商都文化特色与历史,在当下广州的经济与社会发展中并未得到应有的展现与重视,无论是本土受众还是外来受众对广州这座城市商业文化精神的了解也停留于最基本的历史认知与平面化的理解上，对广州商都文化历史形成的动因、发展脉络、内涵特点与优势还缺乏深厚且明晰的认识。在这样的现实背景下，擦亮广州千年商都这一最雄厚、最具全球影响力的城市品牌，无疑是提升城市文化自信与塑造城市国际形象的有力手段。由此，需要对广州商都文化的历史发展与特色优势做出扎实且深厚的研究，以丰富、严谨且生动的史实为广州千年商都文化软实力正名，从根本上提升城市文化自信，为广州塑造崭新国际形象提供坚实而有说服力的历史依据。另外，作为中国最开放、市场化程度最高的地区之一，广州当下建设国际化的营商环境，也亟须从千年商都发展的历史过程以及商人群体与商业精神的优良传统中吸取历史养分，借鉴历史经验。对广州千年商都历史文化资源的梳理与研究，也可帮助我们寻找传统与现实的内在关联，为当下国际化营商环境的建设与改革提供现实传承的具体思路，与清晰可鉴的现实启示。

千年商都的历史积淀，不仅为塑造广州城市国际形象提供了坚实的文化支撑，也为广州建设国家中心城市和国际商贸中心输送了源源不绝的历史养分。广州是中国海上丝绸之路的发祥地，自秦汉以来就是中国对外商贸的门户城市。从历史与现实的角度来看，千年商都是广州最为突出的城市形象特征。据调查显示，正因为广州具有这一独特的商贸历史，"经济发达、商贸活跃"成为受访在穗外国人对广州印象最为深刻的方面。由此，重新梳理与反思千年商都的历史文化内蕴以及发展形成过程，可助力于当下广州依据"经济发达、商贸活跃"这一国际受众认知的最显著特点，充分利用商都文化的优良历史资源来塑造城市国际形象的现实所需。同时，回顾广州从秦汉时期以来的对外商贸历史、中西交流轨迹，尤其是了解广州古往今来在全球坐标体系中的城市地位，有助于我们从历史中寻找现实发展的基石和支点，高屋建瓴地制定引领时代进步潮流、顺应未来发展趋势的城市发展战略与方针，在全球坐标体系中重新找到广州这座国际知名的东方大港的准确定位，成为新一波全球化浪潮中中国城市的弄潮儿、"先行者"和排头兵。

经过近一年的深入研究，广州市社会科学院历史研究所课题组围绕广州千年商都文化软实力这一选题形成一系列研究成果。课题组从史学的实证研究入手，深度剖析历经两千年不衰的"商都"的地缘优势、历史发展脉络、商业成就及特点，尤其是自古以来在海外贸易方面独占鳌头的辉煌史实，借此分析广州国际化营商环境的历史成因、特色优势及对城市发展的独特贡献、现实意义等，并对千年商都文化软实力的当代传承与创新进行理性阐释，在此基础之上提供了擦亮千年商都城市品牌、提升广州全球影响力的具体对策建议，以期为广州当下创建国际化营商环境提供历史借鉴，为提升广州城市文化自信提供历史依据。全书共分为八章，撰写人员如下：第一章，王美怡、黄柏莉、李燕；第二章，李燕；第三章，李燕；第四章，李燕、杨永炎；第五章，黄柏莉；第六章，杨永炎；第七章，黄柏莉；第八章，王美怡、黄柏莉。

在课题立项和研究过程中，张跃国书记、朱名宏副书记、许鹏副院长等院领导多次给予悉心指导和建议，使课题研究的目标更加明确、研究方案更为成熟。课题研究也得到院学术委员会和科研处的大力支持和帮助，在此一并表示衷心的感谢！

作　者
2019年5月28日

目　　录

第一章　千年商都文化软实力的价值与意义 …………（1）
　一　"文化软实力"的历史内涵 ……………………（1）
　二　广州是世界唯一两千年不衰的贸易港口 ………（3）
　三　全球55个一线城市中，只有广州能称为
　　　千年商都 ……………………………………（4）
　四　挖掘千年商都文化软实力的重要意义 …………（5）

第二章　千年商都得天独厚的地理位置和港口条件 ………（11）
　一　对外，广州是南海贸易航路的主要起点 ………（12）
　二　对内，广州位居三江总汇，兼有海港和河港
　　　之利 ……………………………………………（15）
　三　千年不淤，港口自然条件优越 …………………（20）
　四　城址不移，千年商都的文化传承没有断层 ……（25）

第三章　千年商都的历史发展脉络 ………………………（30）
　一　秦汉时期最早的全国性商业都会之一 …………（30）
　二　六朝时期南海主港地位的确立和海外贸易的
　　　拓展 ……………………………………………（32）
　三　隋唐时期全国第一大贸易港和国际化的商业
　　　城市 ……………………………………………（36）
　四　宋元时期广州港的历久不衰与城市建设的
　　　进步 ……………………………………………（41）

五　明清广州的"一口通商" ……………………………………（44）
　　六　近现代广州"领风气之先"与商贸文化转型………（50）
　　七　广州历代商贸文化的发展特征 ……………………………（53）

第四章　广州国际化营商环境的历史成因 ……………………（56）
　　一　国际航线：全球经济体系中的世界性贸易
　　　　城市 …………………………………………………………（57）
　　二　国际商人：多元、开放、包容的社会文化
　　　　环境 …………………………………………………………（68）
　　三　市场网络：内外通达的商贸环境和资源
　　　　配置能力 ……………………………………………………（73）
　　四　政府作为：政策、法规与体制的积极意义 ……………（90）

第五章　千年商都文化视域下的粤商文化 ……………………（105）
　　一　"粤商"发展历史概述 ……………………………………（106）
　　二　千年商都文化视域下的粤商文化 …………………………（109）
　　三　粤商对构建千年商都文化软实力的历史
　　　　贡献 …………………………………………………………（122）
　　四　粤商文化的内在缺陷与现实困境 …………………………（128）

第六章　对千年商都文化的理性反思 ……………………………（133）
　　一　特许政策的失却导致广州失去外贸
　　　　垄断特权 ……………………………………………………（133）
　　二　地缘优势的削弱降低了西方人对广州商业
　　　　价值的评估 …………………………………………………（137）
　　三　排外思想阻碍广州进一步的开放交流 ……………………（140）
　　四　官本位文化侵害自由贸易的健康发展 ……………………（142）
　　五　商都文化过于务实与急功近利的特点，影响了
　　　　经济进一步的创新发展 ……………………………………（145）

第七章　千年商都文化软实力的当代传承与创新 ……（147）
一　千年商都务实、乐活的社会风俗 ……（147）
二　千年商都开放、兼容的文化内核 ……（155）
三　千年商都深厚、强韧的商业传统 ……（158）

第八章　擦亮千年商都城市品牌，提升广州全球影响力 ……（168）
一　建立千年商都博物馆，全面展现广州历代与全球商贸往来的辉煌历史 ……（168）
二　制作"千年商都城市视觉符号系统"，凸显千年商都城市品牌形象 ……（169）
三　以千年商都为城市品牌申办世博会，提升广州全球影响力 ……（172）
四　讲述粤商故事，弘扬具有全球影响力的"粤商文化" ……（173）
五　搭建广州海上丝绸之路研究与传播平台，拓展国际文化交流 ……（175）
六　将广交会的历史推至明朝，申请"广交会"为世界非物质文化遗产 ……（176）
七　传承千年商都务实、乐活的传统风习，弘扬广州特色民俗 ……（179）
八　全方位搜集珍藏文献文物，重现海外世界的"广州记忆" ……（181）
九　整合千年商都的历史文化资源，助推广州向现代国际商贸中心转型 ……（182）

参考文献 ……（184）

第一章　千年商都文化软实力的价值与意义

一　"文化软实力"的历史内涵

哈佛大学学者约瑟夫·奈（Joseph S. Nye）在20世纪80年代末提出"软实力"的概念，他认为"软实力"是指产生吸引力和说服力的一种影响力，而非威胁和强制力。它是国家或地区综合实力中除传统的、基于军事和经济实力的硬实力之外的另一种组成部分，是一种不可以通过"契约性交换"获得的实力，是一种通过一代或数代人的不懈努力逐渐建立起来的、无法被轻易模仿或交易的文化资源，有着不可低估的影响力、感召力和凝聚力。"软实力"往往来源于国家或地区的文化、政治理想、外交策略、人民素质和形象等。

当下的国际一流城市，无一不是以特色鲜明、独一无二的文化软实力著称于世。纽约是全球闻名的金融之都、文化艺术之都，以多元交融的文化活力闻名；洛杉矶是世界瞩目的电影之城，坐拥好莱坞全球电影中心，通过电影向全世界输出美国文化和价值观；伦敦是举世公认的金融中心和创意产业之都，其电影、广播、出版、音乐等创意领域都居世界前列；东京是名副其实的"动漫之都"，动漫产业的成功不仅给东京带来了巨大的经济红利，也大大提升了东京的国际认可度。在当今以"文化制胜"的全球趋势下，城市之间的竞争，实质上是文化软实力的竞争，提升文化软实力已成为城市发展的国际潮流。尤其在进入21世纪以来，许多国家都将提升文化软实力写进城市发展的战略性决策中，如纽约在2002年的研究报告《文化资本：纽约经济与社会保健的投资》中，将文化产业视为城市的核心资产，并认为它对城市发展具有重要影响。2004年伦敦市长签署的《伦敦：文化资本，市长文化战略》中，提出了将伦敦建成世界级优秀文化中心的愿望。新加坡推出《文艺复兴城市》《艺术发展计划》等多项建设计划，借助文化建设提升城市核心竞争力，成功吸引了人才、资金，提高了国际关注度。

作为一座因商而立、因商而兴的城市，"千年商都"文化是广州最具特色优势、最值得挖掘的文化软实力资本，是这座城市在历史发展过程中积淀形成的物质生活、文化传统、民俗风情、地理环境、社会心理和文化氛围等诸多因素综合作用的产物。两千多年的历史积淀、特殊的地缘优势、经久不衰的对外开放历史和持之以恒的商业文明建设，形成了这座城市源远流长的商业传统，它们深深渗透于广州城市发展的宏观与微观层面，成为植根于城市血脉中的文化与历史根基，在每个历史阶段的关键节点上都深刻影响了城市发展进程，在全国乃至国际世界产生了广泛而深刻的影响。尤其是近代以来，广州依托千年商都的厚重积淀，在城市建设、制度创新、文化传播等方面"先行一步"，立于时代潮头，深刻改写了中国近代历史进程与格局。直到今天，千年商都文化软实力仍然是广州经济发展、城市繁荣的动力源泉，成为广州能广招天下贸易之利的文化基因和先天优势。

作为中国最著名的对外贸易港口城市，广州的千年商都历史可以上溯到先秦。三国以后，南海新航路的开辟使广州名副其实成为海上丝绸之路的主港。隋唐时期广州是全国第一大贸易港。宋元时期广州仍然兴盛，是"蕃舶凑集之所，宝货丛聚"。明清航海政策由开放转向保守，全国大部分港口都被关闭或禁止对外贸易,唯有广州长期保持一口通商的垄断地位,在清代中期商贸与城市繁荣达到顶峰。两千年来广州保持了城市商贸活动持久而稳定的繁荣,这是世界城市发展史上唯一的案例。

从全球视角审视,古代广州港不仅是中国历代重要的对外贸易口岸,而且是早期全球经济与文化大循环中的一个重要的枢纽节点,很早就具备了全球性的战略意义。不同于古代中国大部分地区经济文化的自给自足,广州虽偏处生产力水平低下的岭南地区,但背山面海、三江交汇的地理优势却赋予广州内通外达、面向更广阔世界的发展机遇。港口贸易和商贸活动是贯穿广州城市发展史的主线,在千百年来不断实践再实践的过程中,这种商贸文化传统已经根深蒂固,成为广州城市文化的基底,也是城市不断向前发展的核心驱动力。近现代以来,广州港口贸易的地位虽然有所下降,商贸文化的形态、结构、类型、特点随着城市政治、经济活动的变化而变化,但开放、平等、兼容并蓄的商业文化本质并未改变,千年商都的传统内核依然支配着现当代广州的经济文化活动,广州相对廉洁的政府、相对高效的服务、相对规范的管理和相对有序的市场环境等一以贯之的城市商业特质依然支撑着这座古老而现代的千年商都的运行轨迹。

二 广州是世界唯一两千年不衰的贸易港口

在中国乃至世界城市发展史上,只有广州保持了千年不衰的贸易大港与商业城市的特殊地位,造就了全球城市发展史上的一个辉煌奇迹。广州对外是全球经济贸易网络中的枢纽节点,最盛时与世界140多个国家和地区都有贸易往来,商贸优势和市场基因深深根植于城市两千多年的历史进程之中。

从秦汉时期开始,广州就是现今中国境内最大的海外贸易港。历史上广州港的地位不乏有力的挑战者。交趾港在秦汉时期比广州港名气大,但早已不属于中国,且在隋唐以后不再重要。元朝统治中国时,泉州港一度超越广州港,进入明朝便默默无闻。鸦片战争后不久,上海港超越广州港,但在此前它是宋元时代才兴起的经营国内沿海贸易的港口。

国际海路商道,以15世纪末地理大发现为界。此前主要是一条东西航线,以广州为东端,以西亚北非国家为西端。东端连接中国东部和东亚国家,西端连接地中海和欧洲国家。埃及的亚历山大港,以其地理优势在这个阶段闻名世界。

地理大发现导致了国际航道的重大变化。15世纪末,位于欧洲西部的葡萄牙人和西班牙人展开海外探险活动。他们分别向东和向西航行。向东一路从欧洲西南部南下,绕过好望角来到印度洋和太平洋,进而抵达美洲;向西一路跨越大西洋抵达美洲,进而穿过太平洋来到亚洲。新航路的东、西两线都经过广州。于是古老的航道衰落了,亚历山大港因偏离主航道逐渐默默无闻,广州港则躬逢其盛,意气风发,至今依然是世界著名的国际贸易港。

三 全球55个一线城市中,只有广州能称为千年商都

纵观世界历史,1368—1484年,威尼斯开始崛起,成为世界第一大港口。1498年,葡萄牙人绕过非洲,进入印度洋时,建立起他们的西方海上霸权,里斯本崛起取代了威尼斯的地位。地理大发现的时代,西班牙人凭借在大西洋上航行的无敌舰队成为海上霸主,巴塞罗那成为世界第一大港。1588年夏天,无敌战舰最终在葡萄牙西部小城阿尔马达遭到了英格兰舰队的重创,西班牙各大港口此后迅速衰败,拥有雄厚工业基础的伦敦成为世界第一大港。之后,两次世界大战,欧洲港口衰落,纽

约则一跃成为世界最繁荣的港口工贸城市。

在全球最为权威的世界城市研究机构 GaWC 发布的 2018 年世界级城市名册中,作为港口城市的伦敦、纽约的建城时间都比广州短,亚洲最大滨海都市日本东京的历史只能追溯到 400 年前。与广州差不多同时期崛起的意大利威尼斯早已衰落,辉煌一时的荷兰鹿特丹也被众多城市赶超。

综观全球,历史超过两千年、从未衰落、今天繁荣依旧的现代化商业城市,也只有广州了。

四 挖掘千年商都文化软实力的重要意义

根据广州的城市发展,广州要建设枢纽型网络城市,要重点强化国际航运枢纽、国际航空枢纽、国际科技创新枢纽三大国际战略枢纽功能。航运、航空枢纽是广州作为港口型商贸城市的优势传承,而国际科技创新枢纽则是广州顺应全球化第三次浪潮对城市发展做出的全新定位。在进一步夯实海、陆、空交通基础设施的基础上,如何挖掘千年商都的历史文化内涵,助力广州成为"国家重要中心城市""引领型全球城市""国际综合交通枢纽"和"国际商贸中心",将历史优势利用起来并转化为现实的竞争力,将是广州当下需要认真思考和积极行动的方向之一。

(一) 从根本上为提升城市文化自信提供历史依据,推动广州在新时代实现"老城市新活力"

广州是中国两千多年经久不衰的对外贸易港口,在中国商业文化形成与传承中做出了众多"先行一步"的开创性贡献。作为中国最具经济活力、最开放的城市,广州之所以能在当代成为中国改革开放的前沿地,可以从它的历史发展中找到清晰可鉴的来龙去脉。但是长期以来,由于抑商、轻商的文化传统和远离中原"大一统"文化的地缘特点，广州一直处于被贬作"文化沙漠"的文化焦虑之中。千年商都在商业发展和受众认知上都遭遇了现代"断层"，广州的批发、零售、物流、餐饮、会展等曾经领先全国的商业门类地位不断下降，盛极一时的商业繁荣和"发财到广州，广货遍天下"的景象不复存在。

有鉴于此，对广州千年商都历史发展脉络和特色优势展开扎实且深厚的实证性研究，系统全面地呈现广州千年商都发展辉煌史，凸显广州在中国对外商贸交流与城市发展历史中的特殊地位和贡献，理直气壮为广州千年商都文化软实力正名，可以深入探寻广州城市文化源流，找准广州这座城市真正具有说服力、影响力和生命力的文化特征，擦亮千年商都文化品牌，从根本上提升城市文化自信。

（二）对广州城市形象进行精准定位，塑造开放包容的城市国际形象

城市国际形象是国际社会对一座城市历史文化底蕴和经济社会发展水平的整体印象。城市国际形象是城市重要的软实力，是一个城市重要的无形资产，是全球化背景下城市综合竞争力不可或缺的要素之一。无论从历史还是现实的角度来看，千年商都是广州最为突出的城市形象特征，是能够在国际上得到广泛认同的城市标签。

从古到今，广州在中国与西方世界的联系中一直扮演着重要角色。正如法国年鉴学派巨擘布罗代尔在论及现代经济体系发展时就曾指出："可能世界上没有一个地点，在近距离和远距离的形势上比广州优越。"荷兰莱顿大学包乐史教授在《看得见的城市》一书中肯定了广州的独特地位："作为中华帝国传统上的门户，广州这个贸易中心显然拥有最长的资历……这个坐落于南方广东省的城市，甚至可能是全世界最古老的、持续运作的港口。"鸦片战争之前，由于西方与中国的关系主要发生在广

州，西方人甚至把"Canton"作为中国或东方的代表，这一名称在18、19世纪风靡全球，即使在今天，仍然在西方文化中留下深深的烙印。

在历史上，广州是中国走向海洋的起点。由广州出发的南海航线，从先秦到明清，由近及远，逐渐延伸，贸易网络逐渐从东南亚、南亚、西亚、非洲，一直延伸到大西洋两岸，逐渐发展成为航线交错的全球性航线网络。广州不同于中原政治文化中心的独特之处，在于海洋与商业交集，历史发展与航海紧密相连，以民间交往为先导，广州走向世界的脚步与海上丝绸之路的发展紧密相连。随着中外交通和海外贸易的发展，广州人的足迹很早就散布世界各地，并定居下来。据统计，全市有华侨、外籍华人、港澳同胞135万人，其中华侨、外籍华人52万人，分布在5大洲116个国家和地区。粤语、粤菜、粤剧等也随着历代广东人向世界各地的流动而流布于东南亚、美洲、欧洲、大洋洲等地区。特别是粤语，已在海外华埠通行了近百年。调查显示，旧金山的华裔家庭讲粤语的接近70%，讲普通话的仅占19%。在加拿大，当地的华语报纸、电台、电视台，基本都使用广东话。庞大的海外华人网络和海外粤语媒体所构筑的粤语文化圈，是广州塑造城市国际形象的有利条件。

厘清广州千年商都的历史文化内涵、发展轨迹与重要特征，擦亮广州千年商都品牌，不仅可向国际社会展示广州悠久深厚的历史人文内蕴，吸引国际受众的关注与认同，更重要的是，还可帮助我们在城市众多功能与特色中，选取最能代表广州，并与广州城市文化与精神关联最密切的因素和特质，来对广州的城市国际形象进行科学与精准的定位。

（三）提升城市综合竞争力，助力广州建设引领型全球城市

广州城市精神中天然蕴含的商业和市场化基因，是两千多年商贸经济生生不息和商贸文化稳定传承的结果。千年商都的深厚历史底蕴，为当代广州带来相对优质和稳定的营商环境。两千多年的外贸港口和对外开放，也为广州形成相对成熟的国际化观念、世界眼光和全球视野奠定了基础。这是其他现代新兴城市无法弥补或追赶的优胜要素。对千年商都文化软实力的深入研究，有助于广州明确自身的比较优势，为广州建设国际化营商环境提供历史事实依据和宣传推广素材，从而助推广州进一步增强国际贸易中心功能，形成全面开放新格局。

广州的千年商都文化软实力，与海上丝绸之路密切相关、渊源深厚。作为古代海上丝绸之路的主港，历史上广州长期与东南亚、南亚、西亚、北非、东欧等一百多个国家有着密切的经贸往来，明清广州也是欧美等现代西方国家记忆中最古老的东方贸易口岸。对千年商都文化软实力的深入研究，可为广州把握"一带一路"建设的重大机遇、开展与"一带一路"沿线国家的国际合作拓展思路提供可行性方向和建议，从而助推广州加快打造成为"一带一路"建设的重要枢纽城市。

伦敦、纽约、东京、巴黎等世界级城市（Global City）的发展经验证明，全球城市不仅要有强劲的经济实力，还需要有深厚的历史底蕴、文化的活力、独特性和多样性。城市人文环境对全球优质资本和人才的吸引，是全球城市在竞争中获胜的关键要素。广州的千年商都文化软实力，体现于城市人文环境的丰富内涵，深厚的历史底蕴，开放包容的城市品质，多元化的城市文化体验，天然的市场观念，良好的服务意识等，都是广州城市综合竞争力的重要体现。对广州千年商都文化软实力的深入研究，有助于广州合理优化全球资源配置能力，最大限度地调动人才的积极性和创造性，进一步提升城市综合竞争力，提升粤港澳大湾区核心增长极功能，从而打造全球区域文化中心城市，建设成为实力广州、活力广州、魅力广州、幸福广州、美丽广州。

（四）为当下广州改革营商环境和建设粤港澳大湾区提供历史借鉴

营商环境是一个国家或地区有效开展国际交流与合作、参与国际竞争的重要依托，是一个国家或地区经济软实力的重要体现，是提高国际竞争力的重要内容。世界银行发布的一项报告表明：良好的营商环境会使投资率增长0.3%，GDP增长率增加0.36%。2017年，粤港澳大湾区研究院发布了《2017年中国城市营商环境报告》，根据软环境、市场环境、商务成本环境、基础设施环境、生态环境、社会服务环境六项指标，对全国直辖市、副省级城市、省会城市共35个城市进行测算，作为先后多次在福布斯中国大陆最佳商业城市排行榜、中国机遇之城等国际权威榜单中夺冠的广州，又一次位列榜首，并在多个细分指标中得到了领先的成绩。千年商都的厚重积淀再一次在新的全球竞争格局中呈现出不同凡响的魅力和实力。

2017年，习近平总书记明确要求北京、上海、广州、深圳率先加大营商环境改革力度。2019年广州市政府工作报告中，将加大营商环境改革力度作为最重要的工作任务进行了部署。2018年3月7日，习近平总书记在参加广东代表团审议时特别指出，要抓住建设粤港澳大湾区重大机遇，携手港澳加快推进相关工作，打造国际一流湾区和世界级城市群。广州有着千年商都的深厚历史底蕴与丰富资源优势，在中国历史上一直是开放创新、大胆先行先试的实验地。由此，挖掘千年商都的历史资源，深度剖析广州商都文化软实力的发展脉络、历史成因、内涵特点与特色优势，可为当下广州加强营商环境建设做出有益的历史借鉴与参考，同时也是将学习贯彻习近平总书记治国理政新理念和对广东工作重要批示精神相结合起来，塑造更多引领性城市发展的重要体现。另外，面对粤港澳大湾区多中心协作发展的格局，广州也必须依托千年商都的商贸底蕴，从历史中寻找当下发展的精神传统、资源优势和经验启示，通过挖掘千年商都文化软实力,将广州打造成具有全球影响力的经贸平台,在国家新一轮对外开放格局和"一带一路"建设中扮演重要角色,在粤港澳大湾区建设中发挥核心城市的引领和带动作用,推动自身以及周边地区的协作发展与合作,服务国际开放和国内改革两个大局。

第二章　千年商都得天独厚的地理位置和港口条件

在两千多年的城市发展史中，广州偏处岭南一隅，远离中原政治权力中心，又有南岭山脉的天然阻隔，特殊的地理位置造成广州在历史上一直是一个天高皇帝远、受中原正统文化影响较小而本土文化自成一体的特殊区域。千年经久不衰的海外贸易和对外交往，又使得广州不仅长期以来商贸经济发达，而且城市功能服务、社会文化生态等也都呈现出与中原内地截然不同的特点。在近代以前，广州是典型的以港兴市，几乎整个城市的运转都是围绕着港口和海外贸易进行服务。地方的社会建构理论认为，社会进程不仅建构了地方的物质形态，也建构了地方的意义。对于广州来说，以港口为核心的商贸经济活动，不仅是城市形态历史演进的主要推动力，也深刻影响了地方文化特质的生成，即直接塑造了广州特有的与开放多元的海洋文明息息相关的商贸文化特色。因此，广州作为千年商都的历史定位，很大程度上依赖于千年不衰的对外港口功能。广州港在历史上的这种得天独厚的"经久不衰"，从外部因素来看，深受历代国家海洋政策及世界贸易格局的影响；从内部因素来分析，广州港地处南海航路要冲，内外交通便捷，港口条件优越，区位优势明显，自身综合实力客观上也起到了基础性和稳定性的作用。作为古代海上丝路的主港，广州之所以能够历久不衰，主要是具备了四个方面的区位优势。

一　对外，广州是南海贸易航路的主要起点

梁启超早在1905年发表的《世界史上广东之位置》一文中已经指出，广东在中国史上的地位虽然可有可无，"广东一地，在中国史上可谓无丝毫之价值者也。自百年以前，未尝出一非常之人物，可以为一国之轻重；未尝有人焉，以其地为主动，使全国生出绝大之影响。崎岖岭表，朝廷以羁縻视之，而广东亦若自外于国中。故就国史上观察广东，则鸡肋而已"，但是"观世界史之方面，考各民族竞争交通之大势，则全地球最重要之地点仅十数，而广东与居一焉，斯亦奇也"。① 由于广州在南海航路上的地缘优势以及南海贸易的兴盛，广东在世界史上占据重要的地位。

（一）地位重要：大名鼎鼎的"广州通海夷道"

海上丝绸之路可分为南海航路和东海航路，又以南海航路为主要。按唐代贾耽的记载，东海航路为北方联系朝鲜半岛和日本列岛的"登州入高丽渤海道"，南海航路就是大名鼎鼎的"广州通海夷道"（见图2-1）。仅此命名，似乎已经可以充分证明广州在南海贸易航路中的主导地位。这条南海贸易航线是从广州起航，经越南东海岸，通过新加坡海峡至苏门答腊岛；由此东南往爪哇，西北出马六甲海峡，横越印度洋抵斯里兰卡和印度半岛西端；再沿印度西海岸至波斯湾的奥波拉港和巴士拉港；换乘小船，沿幼发拉底河溯流而上，抵达今巴格达；或者也可以沿阿拉伯半岛南岸西航，可经红海抵达东非海岸。全程历经30多个国家和地区，直到16世纪之前，都是世界上最长的一条远洋航线。笼统地说，历代的南海贸易航线只是在此

---

① 梁启超：《饮冰室合集》卷19，中华书局1989年版。

基础上有所增减。因此，广州作为南海贸易的主港地位是毋庸置疑的。即便是在宋元时期，尽管有泉州港鼎盛一时，广州也仍然保持着主港地位。周去非《岭外代答》说，东南亚、印度、阿拉伯等国家的商船来中国，"其欲至广者，入自屯门；欲至泉州者，入自甲午门"，证明其时广州与泉州的地位是大致平行的。

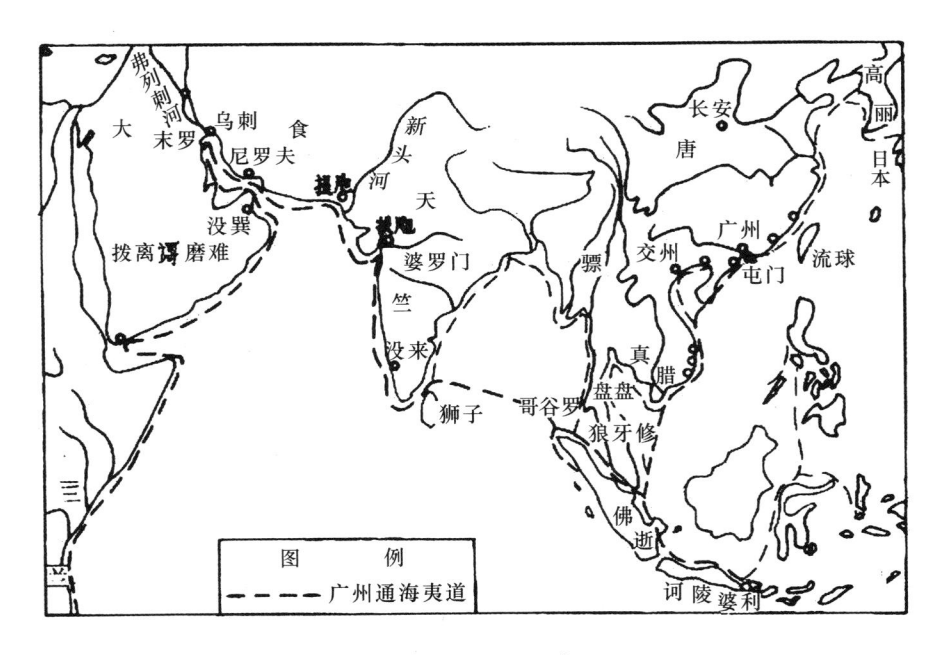

唐代海上丝绸之路示意图

图 2-1 唐代"广州通海夷道"

（二）时间跨度长：三国吴以后就成为南海贸易主港

尽管根据《汉书·地理志》的记载，最早的海上丝绸之路始发港是"日南障塞、徐闻、合浦"，但是这些港口都不像广州一样具备优良的港口条件，而是在当时只能近岸航行的技术条件下所能做出的合理选择。自三国吴以后，造船和航海技术日益进步，海船可以直入大洋，而不必沿岸补给、躲避风浪，从广州出海、经海南岛东面到东南亚的新航线得以开辟，而《汉书·地理志》所记载的原北部湾航线的重要性则迅速下降，也从侧面证明海上丝绸之路最早的几个始发港在港口条件上远远不及广州。两晋南北朝以后，在谈及与海外西南诸国的交通距离时，都是以广州为参照物，采用"去广州数千里"或"数千里达广州"等表述。广州作为南海贸易第一大港的地位，在隋唐时期已经颇为稳固。宋元时代虽有泉州港争锋，但广州仍是"世界大城市之一，市场优美，为世界其他各大城市所不能及"①。明清时期，广州在海禁和闭关的大环境下，长期保持"一口通商"的垄断地位，在全国对外贸易体系中举足轻重。总的来说，以广州为起点的南海航路，自开辟以后近乎延续了整个古代史，只能说明，这条"广州通海夷道"在各个方面都是当时最理想的选择。

（三）战略意义重大：早期全球经济与文化流动的枢纽节点

海上丝绸之路的兴盛，也为广州打开了迈向国际化、全球化的大门。从全球的战略意义上审视，广州是古代中国联系世界最重要的海上门户。海上丝绸之路是古代中国与世界其他地区进行经济文化交流的海上通道。与现代全球化的概念相比较，海上丝绸之路也可被视为类似于早期古典全球化的一种表达形式。古代广州港的地缘优势，在于它不仅是中国历代重要的对外贸易口岸，而且是早期全球经济与文化大循环中的一个重要的枢纽节点，因而很早它就具备了全球性的战略意义。这也造就了广州作为千年商都与其他商业城市最明显的区别：高度的外生性、高度的开放性、高度的国际化。更重要的是，这种高度的外生性、开放性和国际化，是自广州建城开始、历经千年稳定传承下来的一种城市文化特质，因而，它是广州商贸文化的稳定内核，也为广州改革开放和进一步创建国际化营商环境

---

① 张星烺：《中西交通史料汇编》第 2 册，中华书局 1977 年版，第 547 页。

奠定了深厚的历史根基。

另外，广州因港而生，因港而立，因港而兴，天然的地理特征和资源条件已经决定了广州必须向外发展，从中国的边缘走向世界的中心，在全球市场和网络中寻找自己最佳的位置，这是"海丝"广州长盛不衰的主因。当代广州在全球坐标下如何定位自己，或者也可以从历史观照中体察和审视，借"一带一路"之契机，提升城市竞争力、影响力和吸引力，花开广州，盛放世界。

二 对内，广州位居三江总汇，兼有海港和河港之利

广州作为南海贸易之要冲，之所以能够取代早期的北部湾诸港，历经千年始终保持海上丝路主港的优势地位，除了南海航道上的地理优势，还在于广州自身的港口条件优越，以及联系中原内地的交通畅达。《羊城古钞》形容广州的山川形胜为"包山带海，连山隔其阴，巨海敌其阳，五岭峙其北，大海环其东，众水汇于前，群峰拥于后"。广州对中原内地的交通优势就在于"众水汇于前"。这是岭南地区诸港口中唯有广州才具备的地形特点。

（一）三江交汇，水运便捷

在古代交通不发达的情况下，水路运输因为最经济，所以发展最早，也成为最主流的运输方式。正如全汉升所言，最早的商业都会都是沿着内地的河流旁边发展，因为那时贸易的路线以河流为主（自然货物也有陆运的，但陆路运费贵，体积大而价值小的货物往往因为负担不起高昂的运费而不能贩往其他地方）。[①] 古代广州被称为"三江口"，是因为广州位于东江、

---

① 全汉升：《宋代广州的国内外贸易》，载《中国经济史研究》下，稻乡出版社1991年版，第478页。

西江和北江的三江交汇之处。在古代的珠江水道系统中，西江、北江和东江都有多条支流天然地向广州溺谷湾集中，将西江、北江和东江的内河航运与广州的南海贸易紧密联系在一起。时至今日，随着珠江三角洲的发育，历经多次河道淤断、改道等变迁之后，古代西江、北江、东江的水道、水量、流向等都已经发生很大的变化，珠江各水道汇入南海的口门也增加至八个：虎门、蕉门、洪奇门、横门、磨刀门、鸡啼门、虎跳门和崖门。从"三江总汇"到"八门入海"，历史上珠江下游水道的变迁是一个十分复杂的过程。从现在的水文地貌似乎很难看出广州在内河航运中的枢纽作用，但古代广州作为"三江总汇"，水运的便利是城市发展的一个主要优势。从对外贸易的视角来看，江海交汇的地理优势使历史上的广州港可以充分发挥海港和河港的双重功能，"通过三江可同岭外各地相交通，浮海而出可抵南海沿岸各地"，内外交通的便捷和通达共同构成广州对外贸易体系循环的必备条件。

古代西江东通广州的记载有不少，如《史记·南越尉佗列传》中称，"使驰义候因巴蜀罪人，发夜郎兵，下牂柯江，咸会番禺"。牂柯江即今西江。《汉书·西南夷列传》也有记载称，"南粤食蒙蜀枸酱。蒙问所何来，曰道西北牂柯江。江广数里，出番禺城下"。而古代北江流入广州的支流亦有很多。从北向南排列，有白坭河、芦苞涌，西、北江汇流后有西南涌、佛山涌、平洲水道等。历史上这些支流在全盛时，水量和流速都曾经出现过"强支夺干"之势，但由于泥沙淤积、河床升高、筑堤围垦等诸多因素的影响，这些强支航道由北向南，相继淤浅甚至断航。如白坭河在秦汉时期是中原内地从北江进入广州最便捷的水道，也是一条强大的支流，"比北江正干流比降要大，水流急……马王堆出土的西汉古地图中看到，它和正干绘法一样粗大，说明这河江面也很宽阔的"①，但在晋代以后就逐渐淤浅；其南面的芦苞涌成为主航道，这条水道比白坭河曲折，在明代以前也是一条"强支"，有夺干之势；明代芦苞涌淤浅，西南涌代兴，康熙《三水县志》称，"芦苞冬涸，客艘直出西南"，1562年的《三水县志》描述其水运繁忙的盛况为"鸟夷贡献，皆取道于此，舟车无昼夜"；清代西南涌淤浅，江水改道经佛山涌、澜石涌、顺德水道等南部支流，从花地河出白鹅潭进入广州，1691年《南海县志》称，"后西南潭（即西南涌）口再淤，今由小塘、繁洞入王借岗、沙口，趋佛山、神安、南往三山入海"；到了20世纪下半叶，大船要走更南的平洲水道，从海珠岛南面与番禺之间的珠江后航道进入广州。

珠江水道在历史上不断发生变迁，广州作为三江交汇的地理特征实际上在明清以后已经不太确切。西江干流转向南流，经马口峡由磨刀门入海。北江干流由于缺少西江来水的汇入，也不再向东流至广州，而是沿东平水道、顺德水道、容桂水道在洪奇沥、蕉门等地出海。"明清以降，广州城南的珠江河道水量补给来源主要为上述北江各汊道及流溪河，河水流量较之前的一个历史时期大为减少。"② 尽管此时广州作为三江交汇的特征已经不太明显，但习惯上广州的地理格局仍然被认为是三江交汇的延续。清代《羊城古钞》（卷2）仍称，"唯西北江水绕城东流，抵扶胥与东江合出虎门以入海"。另外，由于西北江的主干都不是在广州入海，东江入海与广州也保持了一定的距离，因此从三江输送到广州附近的泥沙量相对较少，泥沙淤积也相对缓慢得多，广州附近的珠江前后航道才可以长期保持下来，数千年来仍有深水道直通外海，这也是广州港历千年而不衰的基础（见图2-2）。

---

① 曾昭璇：《广州历史地理》，广东人民出版社1991年版，第430页。
② 曾新：《明清广州城及方志的城图研究》，广东人民出版社2013年版，第6页。

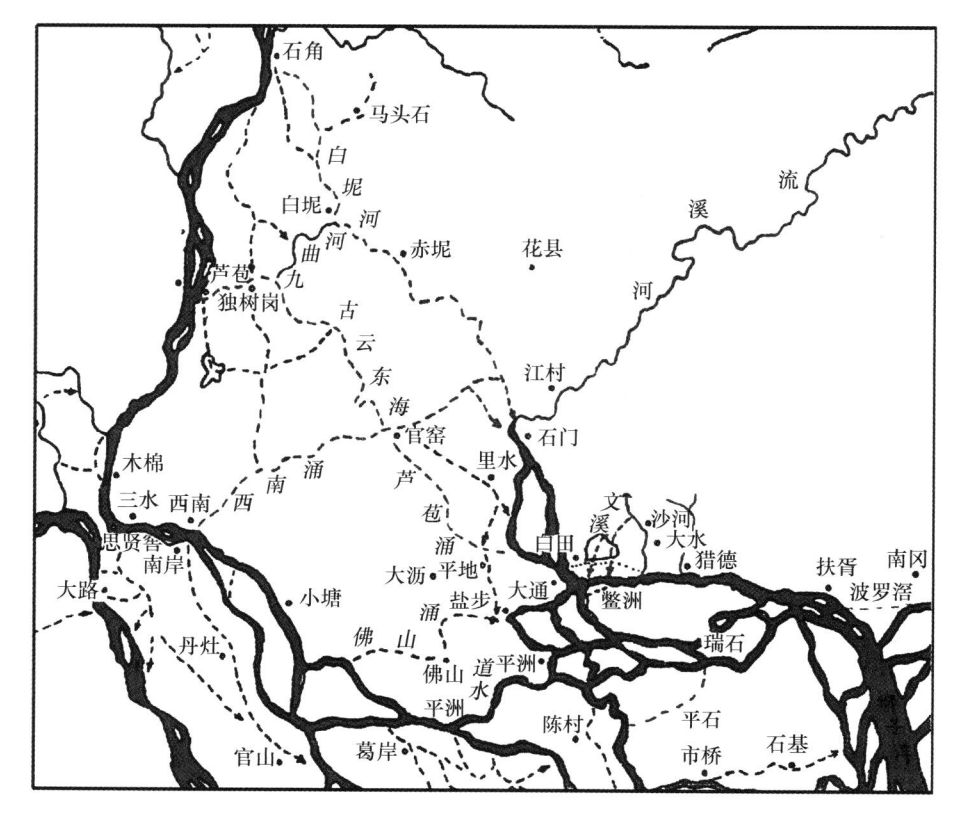

图 2-2　广州古城周边水系环境图①

（二）贯通南北，腹地广阔

东江、西江和北江都隶属于珠江水系。其中，西江是珠江的干流，古称都江，又称浪水、牂牁江，其主流发源于云南，流经贵州、广西，在广西、广东交界处的梧州，与桂江汇合后称西江。北江古称溱水，发源于南岭山地，有两个源头，其东源为浈水，源于江西（大庾岭地区），西源为武水，源于湖南（骑田岭地区）。浈水和武水在广东曲江汇合后始称北江。《水经·溱水注》："溱水（今北江）又南，注于郁（西江），而入

---

① 刘卫：《广州古城水系与城市发展关系研究》，博士学位论文，华南理工大学，2015年。

第二章 千年商都得天独厚的地理位置和港口条件

于海。"说的就是西江和北江在今广东三水思贤滘（滘是沟通两水的小河，粤音称呼）相交汇。亦有解释根据长沙马王堆汉墓出土的西汉初《地形图》认为汉代北江和西江是支主流关系。[①] 古代东江即古龙川水，又名循江，发源于江西，其东源为寻邬水，西源为定南水，二水在龙川老隆相会后称东江。东江自东北向西南流，与珠江主航道在狮子洋相交汇，然后出虎门入南海。顾祖禹《读史方舆纪要》中说，"又有东江，源出江西安远县界，流入惠州府龙川县境，至县南为龙江。又西南流，经河源县南为槎江，南流至府城东北，折而西，过博罗县南。又西南流入广州府东莞县境，经县北，又经增城县南，而至府之南境，会西江以入海，亦谓之三江口，以东、西、北三江为名也"。

组成珠江水系的东江、北江和西江，不仅将广州的经济腹地扩展到珠江流域的广大地区，通过三江上游及其支流还可以连接广西、贵州、云南、湖南、江西等区域，譬如溯流西江，可深入广西、贵州、云南和四川等地，经灵渠连接湘江可进入湖南和长江流域；通过北江及其各条支流，越大庾岭、骑田岭可进入江淮、两京；从东江和韩江可抵粤东、福建等地。从珠江水系沟通长江水系，再通过贯穿南北的大运河进入黄淮流域，从而使南海贸易的舶来品可以流通到全国各地，出口的货物也可以从全国各地集中到广州。

借助于三江交汇的交通优势，广州港的经济腹地可以辐射大半个中国。因此，早在秦汉时期，地处蛮荒之地的广州（番禺）就成为全国九大经济都会之一，而且是全国唯一的以舶来品贸易为主要经济特征的商业都会。唐宋以来，随着大庾岭通道的多次整治和大运河的开通，广州联系中原内地的交通更为畅达和便捷。苏过《斜川集》称，广州"犀、象、珠、玉，走

[①] 曾昭璇：《思贤滘河道历史时代变迁》，载《历史时期珠江三角洲河道变迁研究》，华南师范学院地理系，1979年，第80页。

于四方"，可见广州不仅与海外诸国有深入的贸易往来，与国内大部分地区也有密切的经贸联系。"反观其他海港，便没有这种与腹地联络的便利交通线。例如福建的泉州、福州，它们不特没有可航的河流与腹地（各省的生产地及消费地）联络，就是与本省内地的交通，也因河流（如闽江）之湍急，以及斜度太大，而感不便。故南宋以前，福泉等州在海外贸易上的地位，不如广州样重要。至于自南宋起，泉州所以日益重要，是因为当时政治中心南移杭州，与之较为接近，而当时除河流外，沿海岸线的运输也较前发达的缘故。"[1] 广州与全国各地的通商贸易，也是广州对外贸易的基础和前提。正是这种不断的交流与互动，使广州尽管偏处岭南一隅，却始终保持了一种开放、多元、海纳百川、兼容并蓄的城市文化生态，形成广州千年不衰的商贸文化传统。

三 千年不淤，港口自然条件优越

（一）外港：位于狭长海湾的顶点，区位条件优越

广州之所以能够历经千年而不衰，与其自身优越的港口条件不无关系。虽然地理位置上广州"地际南海"，但实际上广州是位于一个南宽北狭的漏斗状海湾的顶端。这个海湾最早是一个溺谷湾的形态，经历了溺谷湾时期、珠池时期和狮子洋时期，在大约一千年前形成南宽北狭的漏斗状河道形态。

从广州向南出海，在水道的最狭窄处有一个重要的地标，即虎门。虎门又叫虎头门，"门在广州南，大小虎两山相束，一石峰当中，下有一长石为门限。潮汐之所出入，东西二洋之所往来，以此为咽喉焉"[2]。虎门以南的水域，称伶仃洋；虎门以

---

[1] 全汉升：《宋代广州的国内外贸易》，载《中国经济史研究》下，稻乡出版社1991年版，第482页。
[2] 屈大均：《广东新语·地语》，中华书局1985年版。

北的水域，称狮子洋。据顾祖禹《读史方舆纪要》中记载，"广州舶船往诸番，出虎头门，始入大洋，分东西二路"[①]。明崇祯《东莞县志》也说，"二山对列，束隘如门，轩昂头，隐若虎距，潮汐出入，势甚雄激，南控零丁，为省城门户"。狮子洋水面宽阔，又有虎门为屏障，在抵御风浪、防范海盗、保护船舶安全等方面都具有天然优势，因此成为历代广州外港码头分布之地。由于狮子洋淤积和围垦的加速，以及海船吨位的增大，广州外港的港址不可能一直保持不变。从最早有记载的晋代的扶胥港开始，广州外港经历了扶胥港、琶洲港、黄埔古港、黄埔老港、黄埔新港以及新沙港区、南沙港区等的发展变化，总的来说港址是在不断南移和东移，但作为一个整体的广州港一直未曾衰落，始终保持着良好的运转能力。另外，从先秦时代直到今天，珠江三角洲从无到有，广州附近的海岸线以及西江、北江等干支流交汇广州的路线等不断变迁，但三江汇流在广州东面（今黄埔一带）入海的总体格局保持不变，这也是广州港能够千年不衰的地理基础。

作为两千多年长盛不衰的外贸大港，广州在古代海上丝绸之路的辉煌历史也一直延续到今天。尽管为了适应时代的变迁和航海技术的进步，广州港址不可能保持不变，但对外开放和面向世界的发展姿态是广州从古至今从未改变过的发展主题。今日的广州港是一个由黄埔、新沙、南沙以及内港（番禺、五和、新塘）等多个港区共同组成的复合概念。其中最重要的发展龙头和核心——南沙港，为了适应深水良港和大型船舶的现代需求，早已离开传统地理概念上作为"扶胥之口，黄木之湾"的狮子洋，南出虎门，进入伶仃洋，与世界的联系更为便捷也更为紧密（见图2-3）。

---

① 顾祖禹：《读史方舆纪要》卷100，上海书店出版社1998年版。

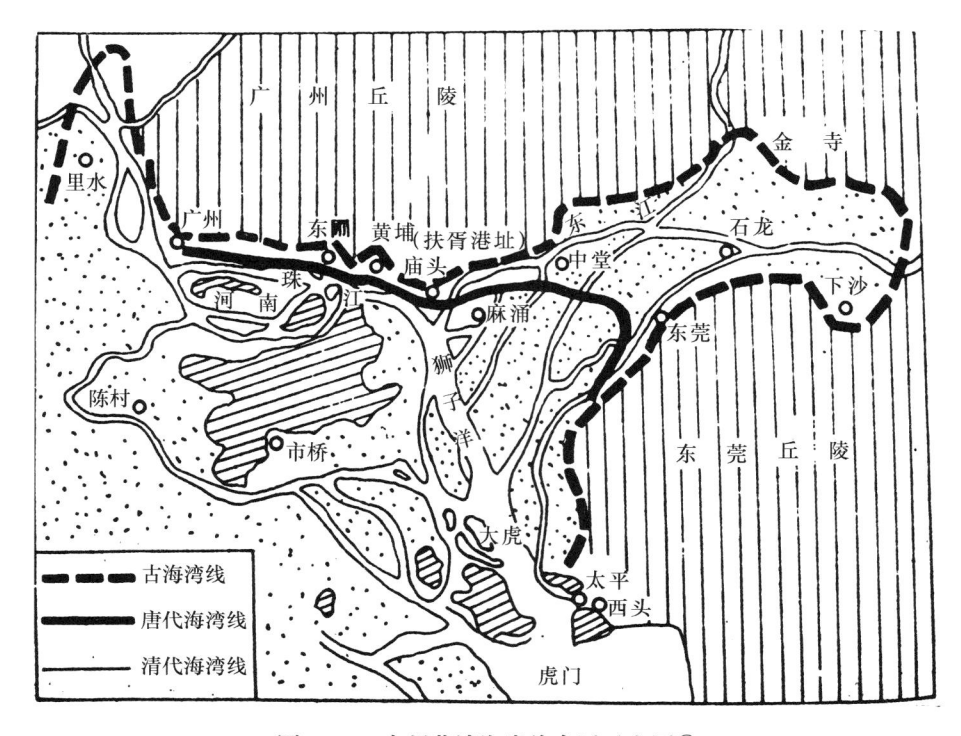

图 2-3　广州黄埔海岸线变迁示意图①

（二）内港：沿珠江航道分布，带动商贸活动的集聚

最早的广州城区成陆范围很小，秦汉以前以一个大湖（兰湖）、两个半岛（坡山半岛和番禺半岛）和三个（河）海湾（浮丘湾、海珠湾、海印湾）为主要地形特征，以后随着泥沙淤积逐渐形成一个整体。今珠江南岸地区，在秦汉以前还是一系列的海岛。由于珠江北岸线不断南移、城南不断淤积成陆，以及内湖填平、河道迁移或淤塞等水陆变迁的原因，历代广州港的码头分布都有所不同。在唐代，还出现了内港和外港的区别。按曾昭璇《广州历史地理》的分析，最早海船可直接由狮子洋顺潮驶入广州，而后"由于西、北江及其汊流不断流入，大量沙泥淤积在珠江中，心滩、边滩不断产生，把漏斗湾顶填狭，成为

---

① 《黄埔港史》，人民交通出版社1989年版，第4页。

第二章 千年商都得天独厚的地理位置和港口条件　23

河道，把河口移到黄埔以东，于是广州就产生了'外港'问题。即到唐代以后，就有外港的兴起了"。实际上自然条件的改变只是原因之一，外港和内港在功能上也有很大的分异。外港通常离广州城较远，是海舶暂时停靠和接受市舶检查之所；内港则涵盖了珠江航道以及内湖分布的多个码头，有些是接受海舶停靠、货物集散、进行对外贸易活动的主要场所，有些则是用来停靠西江、北江而来的内河船只（见图2-4）。

图2-4　千帆竞渡的广州港

从广州水系的分布来看，西、北江流经广州，通过珠江前后航道汇流入海，这种江海交会的优势也使历史上的广州在珠江航道上自然形成多个内港码头。这些内港与外港码头功能各异，共同组成了历史上著名的广州港。从秦汉以来的兰湖码头、泥城（增埗）码头、坡山码头、绣衣坊码头，到唐代的光塔码头、咸船澳码头,以及宋元明清的西澳、东澳、蚬子埠(怀远驿)码头、天字码头、十三行码头等,由于广州城区的珠江北岸线不断南移、城南不断淤积成陆,以及内湖填平、河道迁移或淤塞等水陆变迁的原因,历代广州港的内港码头分布也各不相同。这些内港码头沿着珠江航道或内湖分布,与城区联系紧密,围绕着各个码头往往蕃商云集,自然形成繁荣的商贸区。

宋代主持修筑西城的程师孟有一首《咏共乐楼》诗,描述的是共乐楼下西澳码头一带商贸繁荣的景象,诗云"千门日照珍珠市,万瓦烟生碧玉城。山海是为中国藏,梯航尤见外夷情"(见图2-5)。《羊城古钞》也有关于濠畔朱楼的记载,称"此濠畔当盛平时,香珠犀象如山,花鸟如海,番夷辐辏,日费数千万金,饮食之盛,歌舞之多,过于秦淮数倍",而且"隔岸有百货之肆,五都之市,天下商贾聚焉"。西澳码头北面,就是原

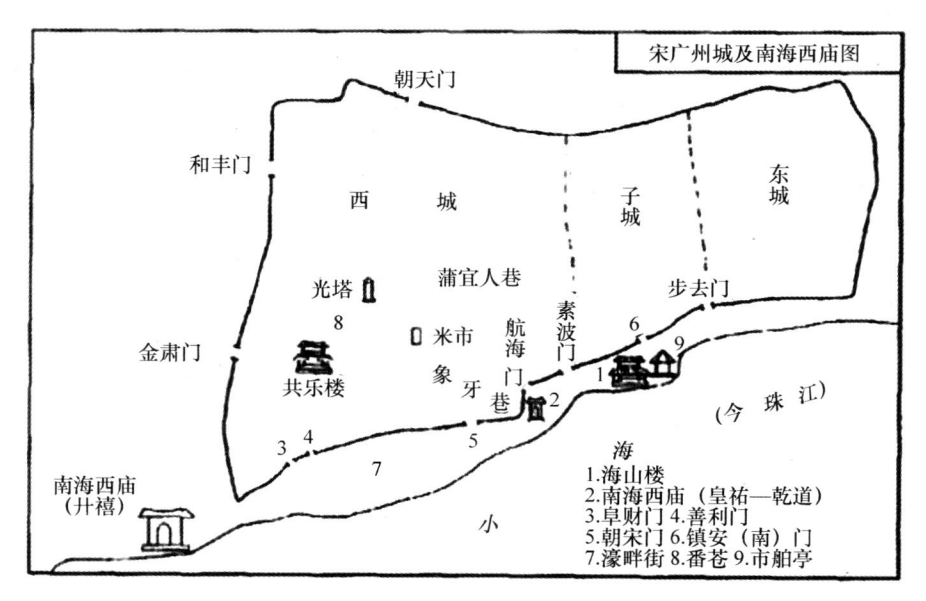

图2-5 宋代广州三城及西澳码头、番坊位置示意
(原图名为宋广州城及南海西庙图)①

---

① 赵成国主编:《中国海洋文化史长编(宋元卷)》,中国海洋大学出版社2013年版。

光塔码头以及番坊所在地,"蕃汉大贾巨室"聚集。商贸业带动了饮食娱乐及各种服务业的繁荣,使西澳码头一带不仅是舶货云集的对外贸易区,而且也成为歌舞升平、繁华一时的闹市区。至今南濠附近仍保留了大市街、麻行街、玛瑙巷、象牙巷、米市街等商业中心行业名称街名,连西城的南濠附近城门,也称为"阜财门""善利门",[①] 亦可见西澳码头一带当年显著的商贸特征。

广州作为千年商都主要依靠港口与海外贸易的繁荣,而内港码头的分布与变迁则进一步影响了广州传统商圈的格局、形态与发展史。最典型的案例是西关的崛起。清乾隆年间开始的"一口通商"制度和广州十三行一带港市的繁荣,带动了整个西关地区的发展,促使西关从以农田和池塘为主的郊区农村,一跃成为广州经济、文化和人口分布的重心。因商贸传统影响至深,西关文化从发轫始就刻下了商业文化的本质特征,时至今日也仍然是广州千年商都的一个具有典型意义的文化表征。

四 城址不移,千年商都的文化传承没有断层

(一)近两千年不变的岭南政治中心

广州的商业萌芽最早可追溯到先秦。贸易商港的利用可能是中国历史上最早的,也是最悠久的。作为先秦最早的海港和秦汉时期全国经济都会之一,广州内外交通的便利和商贸活动的集聚,是广州被选为历代岭南行政中枢的一个重要因素。反之,由于广州是历代岭南行政中枢的所在地,其政治地位也进一步强化了经济功能。早在公元前214年,秦统一岭南,设南海、象、桂林3郡。其时的南海郡,范围相当于今广东省的大部。番禺是南海郡的郡治。约在公元前204年,岭南地区建立

---

① 曾昭璇:《广州历史地理》,广东人民出版社1991年版,第187页。

南越国，国都也定在番禺。汉平南越国后，岭南设交趾七郡。两汉时期，交趾刺史部治所先后设于广信、龙编。番禺因有河海地利，是南海贸易舶来品主要集散中心。番禺前期是南海郡治，东汉建安八年（203年）交趾部改称交州，217年番禺成为交州刺史部治所，自此番禺重新成为岭南的政治、经济、文化中心，以后这个中心地位一直未变。226年，三国东吴时，交广分治，初置广州，是为广州得名之始。隋为南海郡治；唐为岭南道治和广州都督府；南汉为王都，改称兴王府；宋为广南东路治；元为江西行省之广州道治和南海路治；明为广东布政使司和广州府治；清代为广东省和广州府治；民国为广东省会；中华人民共和国成立后为广东省府所在地。光绪《番禺县志》说："五岭之南，郡以十数，县以百数，幅员数千里，咸执秩拱稽受治于广州之长。"① 需要特别指出的是，广州还是岭南地区历史上绝无仅有的三个独立政权的都城，即秦末汉初南越国（公元前204年—公元前111年），五代十国时期的南汉国（917年—971年），明末清初的南明政权（1646年11—12月），10主凡148年。广州作为岭南行政中枢，肇于秦而奠基于南越。国都的地位显然很大程度上是因为广州负山带海、内外通达、商贸繁荣，即"斯诚海岛膏腴之地"②。反之，行政中枢地位也进一步促进了广州的商贸繁荣。

（二）城址不移，城市中心不移

广州迄今已有两千多年的建城史。秦代在越秀山下筑任嚣城是广州建城之始。公元前204年赵佗建南越国，以番禺为都城，是广州真正意义上的城市建设的开端。其间，只有公元前112年汉武帝平南越、"改筑番禺城于郡南六十里"的一段时期广州城址发生短暂的变化。东汉建安二十二年（217年），因越

---

① 光绪《番禺县志》卷10。
② 《水经注·浪水注》。

城（即南越国都城）"负山面海"的山川形势更加优越，番禺城又迁回旧址并取代广信成为统管岭南地区的交州治所。自此以后，广州作为岭南地区的政治、经济中心和文化中心，城址近两千年未有迁移，城市中心格局也没有大的变动。今天的广州旧城区传统中轴线，即从越秀山向南经中山纪念堂、人民公园到海珠广场的这条城市中轴，是历代的官署衙门重地，也是近两千年广州城区的地理中心。

（三）城市发展具有稳定性和连续性

历史上广州城区的拓展主要遵循"依山而建，因江而商，因商而兴，因兴而扩"的规律（见图2-6、图2-7）。最早的

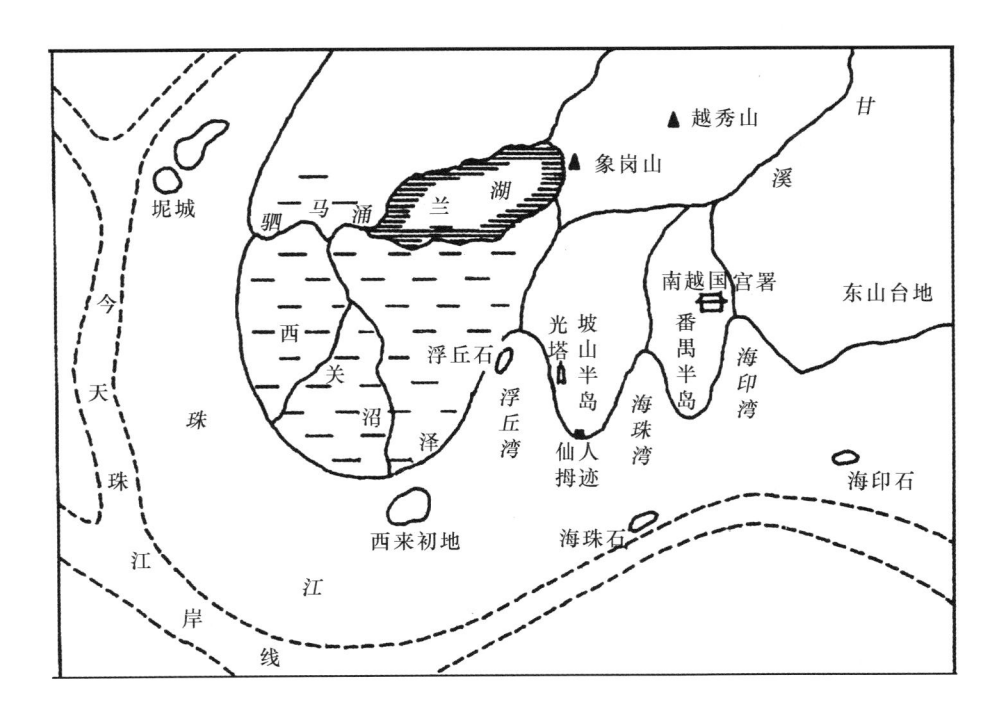

图2-6 古广州水陆分布示意图①

---

① 梁国昭：《广州港：从石门到虎门——历史时期广州港口地理变化及其对城市空间拓展的影响》，《热带地理》2008年第3期。

广州城区成陆范围很小，秦汉以前以一个大湖（兰湖）、两个半岛（坡山半岛和番禺半岛）和三个（河）海湾（浮丘湾、海珠湾、海印湾）为主要地形特征。由于珠江江面不断束窄，珠江北岸线不断南移，城区南部不断淤积成陆，珠江航道上的内港码头历代都有所变化，与码头相伴相生的商贸活动区的范围也逐步扩大。城市形态拓展的重心和方向主要是随着海外贸易地

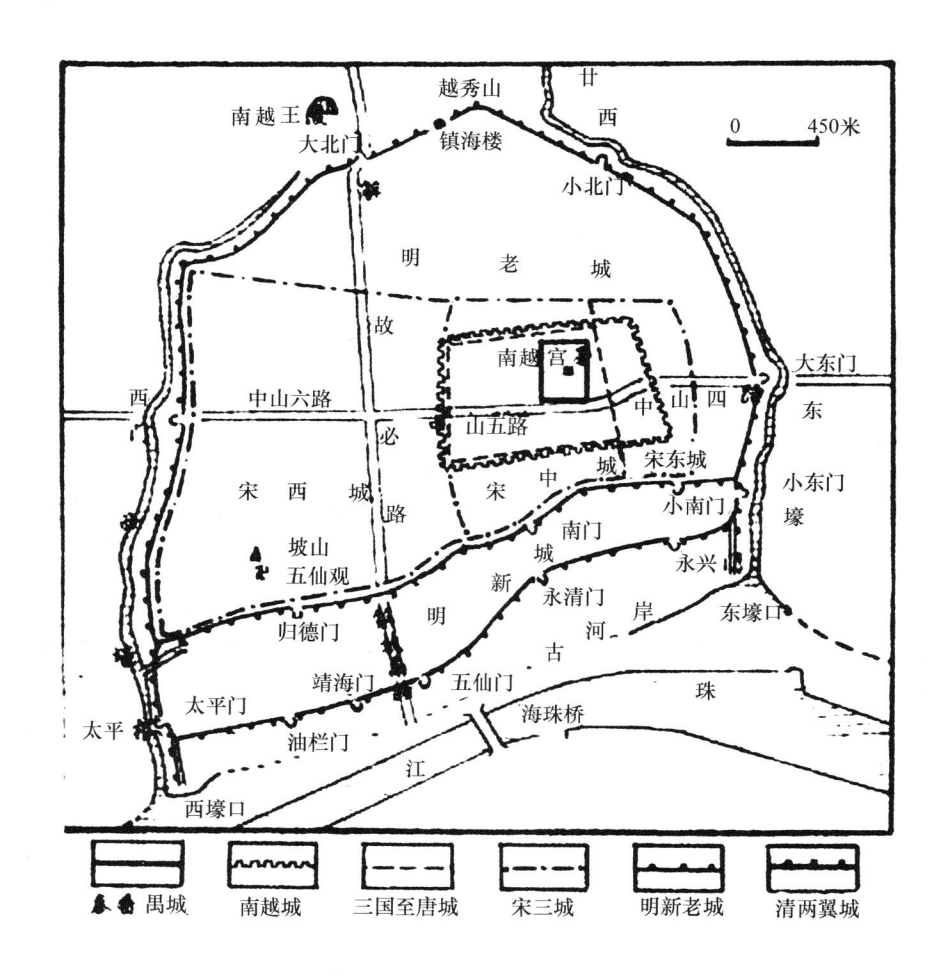

图 2-7　广州历代城址平面图①

---

① 广东省文物管理委员会：《广东历史文化名城》，广东地图出版社1992年版。

点的变迁向南扩展、向东西两侧延伸。由于是以商贸因素为主导，所以广州城市景观形态的演进也从侧面印证了广州千年商都的发展轨迹。

总的来说，广州城在历史上的发展一直是持续和稳定的，只有晋和唐末偶有几次战乱破坏，也因为海外贸易的兴盛迅速恢复了生机。这种城市发展的连续性和稳定性，使广州千年的商贸文化传统得以很好地传承和延续下来，为商贸文化认同奠定了深厚的历史根基，形成了清晰的文化脉络。

第三章 千年商都的历史发展脉络

广州是古代海上丝绸之路的主港，其历史地位不仅体现于时间跨度上的持续性和稳定性，还体现于地理空间上与其他沿海贸易港口的比较优势。千年古港造就广州商贸之都的繁荣。两者共同构成广州对商贸文化的传承和认同。这种商贸文化认同，以高度的外生性和开放性为特征。尽管从传统到现代经历了转型和重构，但其本质的内涵和意义是一脉相承的。连续性、稳定性和传承性，这是千年商都历史发展的重要价值和意义。

一 秦汉时期最早的全国性商业都会之一

（一）先秦最早的商港

早在春秋战国时期，番禺（广州）就与山东半岛的转附（今芝罘）、琅琊，长江口的吴（今苏州）、会稽（今绍兴）、句章（今宁波），以及福建的冶（今福州）等并列为我国最早的港口。《淮南子·人间训》记载，秦始皇南平百越的目的之一是为了"利越之犀角、象齿、翡翠、珠玑"，这些物品多来自海外。日本学者藤田丰八认为，"秦始皇之经略南越，其目的固然不像淮南子所说的那样细小，然南越之都会番禺，即广州，当时已为犀角、象齿、翡翠、珠玑集散之中心市场，似无疑义"。[①]

[①] ［日］藤田丰八：《宋代之市舶司与市舶条例》，商务印书馆1936年版，第1页。

以此推论，岭南地区在先秦时期可能就与南海诸国有了贸易往来。《史记·南越尉佗列传》记载，番禺的山川形胜为"负山险，阻南海"，因此，番禺"贸迁往来，水便于陆，故南琛之至尤早。《史记·货殖列传》言番禺珠玑、犀、玳瑁、果、布之凑，此语必非言汉时，可见陆梁之地未开，蛮夷贾船，已有来至交、广者矣"[1]。先秦时代山东半岛以及长江口的港口多是服务于诸侯国之间政治、军事和外交，远处南疆的番禺可能是我国历史上最早的贸易港。

（二）秦汉时期全国九大商业都会之一

《史记·货殖列传》列出西汉初年全国主要的经济区和具有代表性的20多个商业城市，其中被称为"都会"的有9个，分别是邯郸、燕、临淄、陶、睢阳、吴、寿春、番禺和宛。这9个商业都会大多分布于开发较早的黄河流域，长江以南的只有吴（今苏州）和番禺。可见秦汉时期的广州（古称番禺）尽管偏处岭南一隅，但其商业价值和经济影响力已经越过南岭，在全国经济地理格局中占有重要地位。

（三）早期南海贸易重要的商品集散中心

《史记》记载番禺作为商业都会的主要经济特点是"珠玑、犀、玳瑁、果、布之凑"，也就是海外舶来品贸易。《汉书·地理志》也说，粤地"处近海，多犀角、象、玳瑁、珠玑、银、铜、果、布之凑，中国往商贾者多取富焉。番禺，其一都会也"。《史记》的叙事是到西汉武帝太初四年（前101年）为止，《汉书》的叙事是到王莽地皇四年（23年）为止。也就是说，从汉武帝平定百越直到西汉末年，番禺的经济地位基本没什么变化。从两书的描述可证，番禺能成为当时全国9个商业

---

[1] 《吕思勉读史札记》上，上海古籍出版社1982年版，第525页。

都会之一，主要依靠的是港口贸易和商品集散功能。另一个曾经的海港城市和商业都会，位于长江口的吴（今苏州），主要的经济特征是"东有海盐之饶，章山之铜，三江、五湖之利"，突出的是内河航运的枢纽功能，与番禺的舶来品贸易完全不同。因此，番禺是当时全国九大商业都会之中唯一与海外贸易密切相关的一个。这一史实，一方面体现了广州的商贸文化从源头上特有的独特性和差异性；另一方面也证明，尽管番禺不是《汉书·地理志》中所记载的海上丝绸之路的始发港，但却是当时南海贸易最重要的商品集散地。

秦汉在广州均建有造船工场。从广州南越王墓以及其他汉墓出土的珍贵文物包含大量来自东南亚、西亚、北非的名贵舶来品，比当时的海上丝绸之路始发港徐闻、合浦等地汉墓中出土的文物更加丰富多样。这些考古发现也证实广州在秦汉时期就已经深度参与了南海贸易，并且可能是舶来品贸易最主要的集散中心。

二 六朝时期南海主港地位的确立和海外贸易的拓展

（一）新航路的开辟和南海贸易主港地位的确立

三国以后，交广分治，广州（番禺）在成为岭南行政中心的同时，借助于造船、航海技术的进步和南海新航路的开辟，也取代了汉代最早的海上丝绸之路始发港合浦、徐闻以及日南障塞，成为南海贸易的主港。

汉代开辟的海上丝绸之路，是从原南越属地的日南障塞、徐闻或合浦出发，经东南亚入印度洋，直至印度半岛的斯里兰卡一带。海上丝绸之路的三个最早的始发港：日南障塞、徐闻和合浦，都在汉代南部边境附近。《汉书》《旧唐书》《太平寰宇记》等史籍记载，东吴以前，凡通西南海上西蕃诸国，多以徐闻、合浦、日南为参照物，判断其实际距离。如"黄支国，汉时通焉，去合浦、日南三万里"。两晋南北朝时，在谈及西南诸国的交通距离时，通常采用"去广州数千里"或"数千里达广州"等表述，证明广州已是当时海上丝绸之路最主要的贸易港。史书记载，中外商船来华贸易多是到达广州。《南齐书》记载，"宋末，扶南王姓侨陈如，名阇耶跋摩，遣商货至广州"①；《梁书》记载，"郡常有高凉生口及海舶每岁数至，外国贾人以通贸易"②。由于广州"藏山隐海，环宝溢目，商舶远届，委输南州"③，才有"武帝叹曰，朝廷便是更有广州"④。

随着广州航路的兴盛，后世南海贸易的中心逐渐转移到东南沿海。德国历史学家夏德（F. Hirth）认为，"中国与罗马等西方国家的海上贸易，要以广州为终止点。盖自西元三世纪以前，广州即已成为海上贸易之要冲矣"⑤。西元3世纪以前，即西晋惠帝元康九年（299年）以前，也就是说，大约在三国以后广州就成为南海航路的主港。王仲荦《魏晋南北朝史》也引用阿拉伯人古行记的记载，称"中国的商船，从公元3世纪中叶，开始向西，从广州到达槟榔屿，4世纪到锡兰，5世纪到亚丁，终于在波斯及美索不达米亚独占商权"。

（二）内外交通的进一步拓展

广州的兴盛与南海航路的变更有关。在汉代开辟的海上丝绸之路中，贸易商船从日南入境，沿海岸线北上至合浦、徐闻。三国以后，从广州经海南岛东面到中南半岛的航程，比之先前的合浦、徐闻路线大为缩短。海船在冬季乘偏北风南下，

---

① 《南齐书》卷58。
② 《梁书》卷33。
③ 《南齐书》卷58。
④ 《南史》卷51。
⑤ 转引自武埙干《中国国际贸易史》，商务印书馆1928年版，第16页。

在夏季乘偏南风北上，十分便捷。这是广州取代合浦等港成为南海贸易要冲的主要原因。六朝时期，广州海外贸易的繁荣有更多史料可证。其时，前来广州通商贸易的国家有十多个，包括大秦（罗马）、天竺（印度）、师子国（斯里兰卡）、罽宾（克什米尔）、占婆（越南南部）、扶南（柬埔寨）、金邻（泰国）、顿逊（泰国）、狼牙修（泰国）、盘皇（马来西亚）、丹丹（马来西亚）、盘盘（马来西亚）、诃罗单（印度尼西亚）、干陁利（印度尼西亚）、婆利（印度尼西亚）等。输入的商品主要有：香料、象牙、犀角、珠玑、玳瑁、琉璃、苏合、郁金、吉贝等，输出的则是以绫、绢、丝、锦为大宗。其中，既有官方的遣使朝贡，顺便"赍杂物行广州货易"①，也有民间商人自发的"久停广州，往来求利"②。因为广州的对外贸易十分繁荣，珍奇异宝令人垂涎，所以当时的官吏贪污之风甚盛。《晋书·吴隐之传》记载，"广州包山带海，珍异所出，一箧之宝，可资数世，前后刺史多黩货"。《南齐书·王琨传》也说，"世云'广州刺史但经城门一过，便得三千万'也"。广州的繁荣一方面是对外海上丝绸之路更加兴盛的结果，表现在以广州为起点的印度洋航线较之前代进一步拓展，参与贸易往来的国家数量也有所增加；另一方面是因为六朝（吴、东晋、宋、齐、梁、陈）均偏安江南并将都城设在建康（今南京），陆上丝路不便，海上丝绸之路的重要性大为提升，而且从广州联系长江流域的建康，较之前代的关中平原距离缩短，交通也更为便利。从地理方位上来说，南海诸国入朝进贡或进行商业贸易，从广州通过珠江水系内运江南，经灵渠道、萌渚岭道、桂阳道、武水道、大庾岭道及海上通道与内地进行商贸活动，比从交趾内运要便捷许多。这是广州崛起为南海贸易要冲的另一个重要原因。

---

① 《南齐书·东南夷传》。
② 《高僧传》。

(三) 广州新航路的政治中心优势

三国时，番禺回归岭南政治中心的位置。210年，孙权派步骘为交州刺史。当步骘来到番禺（广州）时，登高远眺，发现这个原南越都城"负山带海"，地理形势绝佳，而且番禺"斯诚海岛膏腴之地，宜为都邑也。"① 217年，交州州治从苍梧广信迁到了番禺，并重新修筑了尉佗旧治，番禺城又重新回到原南越都城的旧址。

226年，孙权因岭南之地过于辽阔，管理不便，于是将原交州一分为二。割南海、苍梧、郁林、高凉四郡立广州，交趾、日南、九真、合浦四郡则为新的交州。广州的命名源自汉代的交州州治，苍梧郡广信。"以其徙自广信，因改交州为广州。此广州之始也。"② 不过，这时的广州指代的是一个大行政区的范围，而非具体的城市名。番禺作为岭南地区的行政中枢和权力中心，在港口发展上必然会具备更多的便利和优势。

(四) 商贸活动与宗教文化的融合发展

广州虽然自建城之始就是因港而兴，因商而兴，但不能忽视的是，海上丝绸之路带来的不仅是商业和贸易，还有与之并行而来的外来文化的传播。除了物种、商旅的进入，六朝时期对广州影响最大的是宗教文化的传入。其时，搭乘商船循海路来中国弘法和赴海外求法的中外高僧大多在广州出入。《大唐西域求法高僧传》记载，在初唐前往印度等国求法的56人中，有34人是从海路去的，其出发点主要是在广州。"西方各国称广东为'支那'，称长安、洛阳为'摩诃至那'。这样的称呼在佛经中也屡见不鲜，可见广东地位之重要。"③

---

① 《水经注·浪水注》。
② 仇巨川：《羊城古钞》，广东人民出版社2011年版。
③ 吴廷璆、郑彭年：《佛教海上传入中国之研究》，《历史研究》1995年第2期。

六朝时期，广州也是最早的译经中心之一。许多著名的高僧如沙门强梁娄至（真喜）、梵僧求那罗跋陀、求那跋摩（功德铠）、求那跋陀罗（功德贤）、僧伽跋陀罗（众贤）、求那僧伽跋多（智药三藏）、波罗末陀（真谛）等都曾在广州传教译经。受佛教文化传入的影响，六朝时期广州兴建的佛寺就有19所。[①] 宗教文化与商贸活动的融合，是六朝时期广州城市发展的一大特点。广州著名的西来初地，在宋元以来的古籍如《舆地纪胜》《波罗外纪》《岭海名胜》等记载中都是佛教禅宗始祖菩提达摩自海路来华登陆之地，位置在当时的广州内港绣衣坊码头一带，也是"蕃商云集""禅商两旺"之地。尽管广州是一个商业都会，但商贸文化的认同并非只有商业元素的驱动，外来文化的融合发展也是潜移默化的推动因子。

三 隋唐时期全国第一大贸易港和国际化的商业城市

（一）"广州通海夷道"：航海贸易的进一步开放和繁荣

隋唐是古代中国海外贸易发展的第一个高峰。范文澜先生总结说，"自隋唐时起，航海技术进步，海上贸易比陆上贸易更加有利，增加了中国与外国的交换关系"，这是"支持隋唐以来社会经济上升"的主要条件之一。[②] 尤其是唐中期以后，由于安史之乱和吐蕃的崛起，陆上丝绸之路受阻，海上丝绸之路的重要性进一步提升。王洸在《中国航业史》中说，"唐代的航海及互市，以南海方面最有意义，盛况空前……往来南海的商船，由波斯湾发航，经印度、锡兰、马来半岛、苏门答腊、海南岛，而至中国各港口，如交州、广州、明州、扬州、密州等处，而

---

① 蒋祖缘、方志钦：《简明广东史》，广东人民出版社2006年版，第103页。
② 范文澜：《中国历史上的一些问题》，《中国科学院历史研究所第三所集刊》第1辑，第10页。

以交州、广州、扬州为最繁荣，番商胡贾麇集"①。据统计，当时行驶在南海上的形形色色的船舶就有南海舶、番舶、西南夷舶、波斯舶、师子国舶、昆仑舶、昆仑乘舶、西域舶、蛮舶、海道舶、南海番舶、婆罗门舶十二种。② 唐代海上丝绸之路的兴盛，一来是有大唐帝国的开放国策和高度繁荣的经济文化为依托；二来是古阿拉伯帝国（大食）的崛起和阿拉伯人对印度洋、红海、地中海的海上霸权的控制，造就了东西方远洋贸易的第一个鼎盛时代。尤其是唐中期以后，由于安史之乱和吐蕃的崛起，陆上丝绸之路受阻，海上丝绸之路的重要性进一步提升。南海贸易航路以"广州通海夷道"命名，仅此已经可以充分证明广州在海上丝绸之路贸易中的主导地位。

（二）唐代全国最大的贸易港和商贸活动规模的扩大

隋唐大运河的开通以及大庾岭道的整治，使广州与中原内地的交通联系更为便捷，进一步加固了广州作为南海贸易主港的地位。作为唐代全国第一大贸易港，广州号称"雄蕃商之宝货，冠吴越之繁华"③。唐代曾经旅居广州的商人苏莱曼说，广州是当时中外船只靠泊之处，世界各地的商人都在此汇集。④《唐大和尚东征传》描述当时珠江航道上帆樯林立、商船云集的盛况，称"（天宝九年）广州……江中有婆罗门、波斯、昆仑等舶，不知其数，兼载香药、珍宝，积载如山。其舶深六、七丈，师子国、大石国、骨唐国、白蛮、赤蛮等往来居住，种类极多"。马端林《文献通考》称唐代的广州港"舟行所聚，洪舸巨舰，千舳万艘，交货往还"。《旧唐书·李勉传》记载，大历五年（770年），每年抵达广州通商交易的海舶有四千余艘。据

---

① 王洸：《中国航业史》，台湾商务印书馆1971年版，第18页。
② 邓端本：《广州港史·古代部分》，海洋出版社1986年版，第49页。
③ 《全唐文》卷827。
④ 《中国印度见闻录》，穆根来等译，中华书局1983年版，第7页。

此考证，唐代的广州每年大约有八十万商客进出参加贸易活动。① 由于海外贸易的兴盛和商贸活动规模的扩大，唐代广州设置了专门的市舶使，这也是历史上最早的市舶管理记录。

作为全国第一大贸易港，广州是历史上第一个设立市舶管理机构的港口，也是第一个设置外商管理区域的城市。广州设置市舶使的时间不详，但最晚是在开元二年（714 年）。据《册府元龟》卷 546 的记载，开元二年（714 年），岭南监选使柳泽，与市舶使周庆立、波斯僧及烈等"广造奇器异巧以进"。《新唐书·柳泽传》和《唐会要》中也都有类似记载，证实至晚在开元年间，广州已经设有市舶使一职。终唐一世，能够有明确和可靠的史料证明曾设置市舶使的，也只有广州一地。

（三）国际化城市：外来人口的融入及多元文化的融合

唐代广州由于海外贸易的兴盛，城市发展已经具备高度的国际化特征。古代的远洋贸易主要依靠季风航行，因此，各国的海商、船员等每次来广州贸易，都需要居留半年左右的时间。顾炎武的《天下郡国利病书》记曰，"自唐设结好使（市舶使）于广州，自是商人立户，迄宋不绝，诡服殊音，多流寓海滨湾泊之地，筑石联城，以长子孙"②。据统计，从唐天宝到大历年间（742—779 年），每年往来广州居住的各国商人，至少有近万人的规模。③ 因此，唐代广州已有专门的外国人聚居区——"番坊"（见图 3-1）。据今人考据，认为至迟在太和末年（835 年），即房千里北归撰书之年，广州的番坊已经出现。④ 范围约在今中山路以南、惠福路以北、解放路以西、人民路以东，中心在今光塔街一带。德国历史学家夏德（F. Hirth）指出，"从

---

① 张星烺：《中西交通史料汇编》第 2 册，中华书局 1977 年版，第 204 页。
② 顾炎武：《天下郡国利病书》卷 14。
③ 范邦瑾：《唐代蕃坊考略》，《历史研究》1990 年第 4 期。
④ 同上。

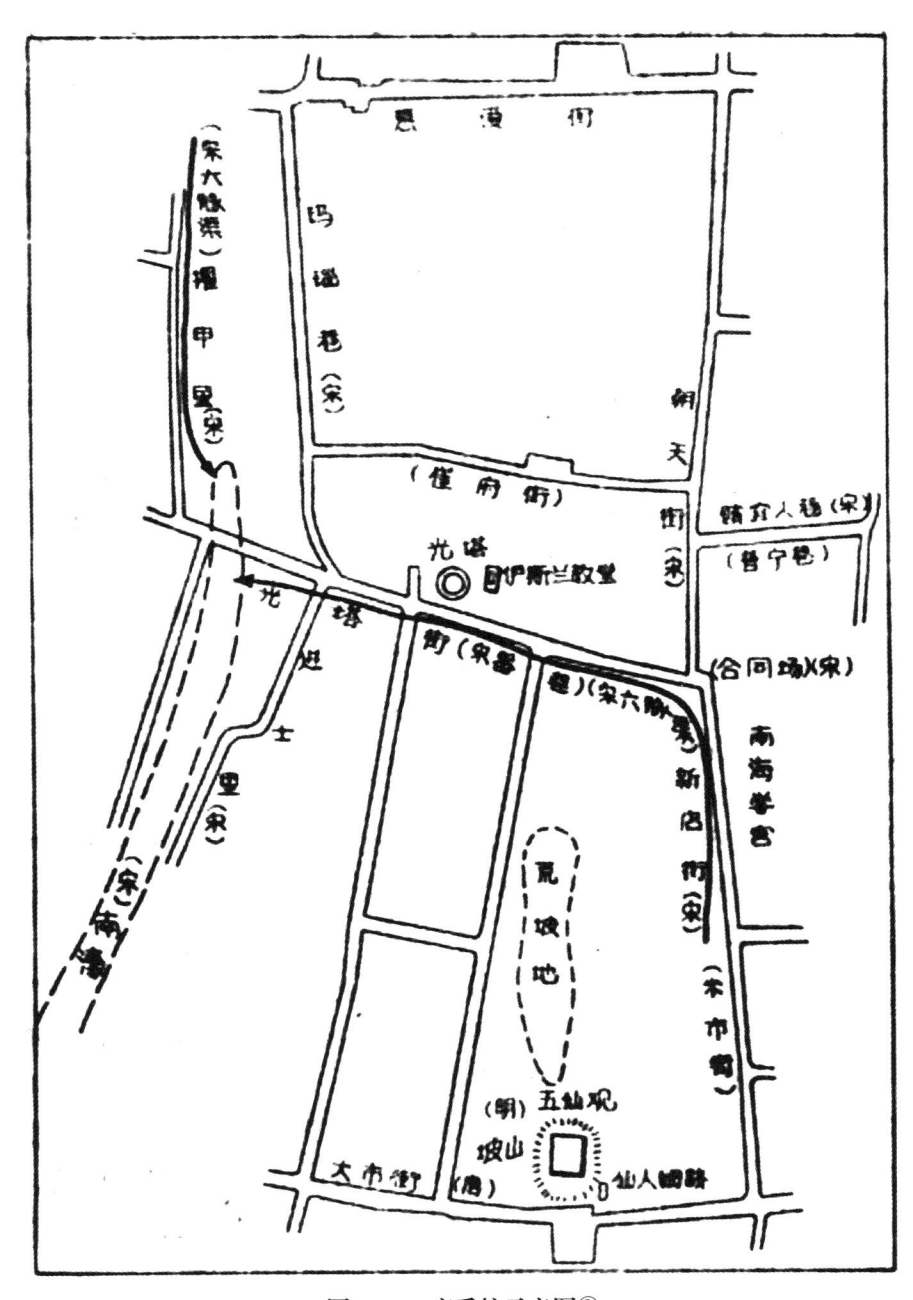

第三章　千年商都的历史发展脉络　39

图 3-1　唐番坊示意图①

---

① 曾昭璇：《广州历史地理》，广东人民出版社 1991 年版，第 236 页。

7世纪起，在广州的外国居留地，主要由波斯人和阿拉伯人组成，其数量巨大"①。荷如里（G. F. Hourani）也认为，"唐代广府（广州）是最大的商业中心，这里有一个巨大的西方商人、穆斯林等的居留地"②。

外来人口的融入必然带来多元文化的融合。唐代番坊的居民以波斯人和大食人（阿拉伯人）为主，但宗教信仰不仅局限于伊斯兰教，还有景教、祆教、摩尼教、婆罗门教等。据《中国印度见闻录》记载，广州"其处有回教牧师一人，教堂一所……各地回教商贾既多聚康府（Khanfu，即广州），中国皇帝因任命回教判官一人，依回教风俗，治理回民。判官每星期必有数日专与回民共同祈祷，朗读先圣戒训。终讲时，辄与祈祷者共为回教苏丹祝福。判官为人正直，听讼公平。一切皆依《可兰经》圣训及回教习惯行事。故伊拉克（Irak）商人来此方者，皆颂声载道也"。据《唐大和尚东征传》记载，广州有婆罗门寺三所，还有梵僧居住。说明广州的印度人似乎为数也不少，印度教也有传入。美国的汉学家在其《唐代的外来文明》一书中，提及广州的番坊说，"在广州的外来游客中，有许多居住在城内由专门为外国人划定的居住区内。根据唐朝的法令，外国人居住区设置在河的南岸，以便许许多多选定在广州逗留的，各种不同种族和国籍的商人从事贸易活动，或者是等待返回故乡的顺风。外国人由一位特别指定的长者管理，而且享有某种治外法权。来自文明国家的公民（例如大食人、僧伽罗人）与文化教养较低的商贾们（例如白蛮、乌蛮等）都居住在这里，而且他们之间的交往都很密切。在这里，你会发现信奉正统宗教的外国人与信仰异教的外国人之间的关系相处得也很融洽，

---

① F. Hirth & W. W. Rockhill, *Chau ju Kua*: *His Work on the Chinese and Arab Trade in the Twelfth and Thirteenth Centuries*, Entitled Chu fan shi. St. Petersburg, 1912, p. 14.

② G. F. Hourani, *Arab Seafaring in the Indian Ocean in Ancient and Early Medieval Times*, Princeton University Press, 1951, p. 72.

例如印度的佛教僧侣和什叶派穆斯林之间的关系就是如此……每当午时的鼓声敲响时，居住在广州的各种肤色的外国人以及来自唐朝境内的汉人，都被召唤到大市场上，他们或在店邸中密谋策划，或在商船上讨价还价，进行紧张的贸易活动；而每当日落时分的鼓声敲响时，他们又都各自散去，返回自己的居住区。有时在晚间，他们偶尔也到夜市去，操着异国腔调大声地讲价钱"①。历史上广州由于港口贸易的发展一直处于与外界的交流与互动之中，到了唐代这种交流与互动更深地进入城市发展的方方面面，进一步强化了广州商贸文化传统中高度的外生性和开放性特征。

四 宋元时期广州港的历久不衰与城市建设的进步

（一）宋元主要的贸易港：海外贸易的持续稳定发展

宋元时期是中国历史上海外贸易发展的鼎盛时期。主要的贸易港是广州、泉州和明州。其中，广州是宋代最重要的对外贸易港。北宋初年，广州设立了全国第一个市舶司。尽管后来随着两浙和福建地区的收复，杭州、明州、泉州市舶司也先后设立，但"三方唯广最盛"（三方指广南、福建、两浙三路）。桑原骘藏认为，"广州所征居全税十之九以上，故唐与北宋之互市，均以广州为第一"②。以两宋最大宗的进口物品香药为例，据毕仲衍《中书备对》的记载，宋神宗熙宁十年（1077年），明、杭、广州市舶司共收购乳香354049斤，其中明州所收惟4739斤，杭州所收惟637斤，而广州所收则有348673斤，约占全国总额的98%以上。元祐二年（1087年），泉州市舶司才得以设立，此时已近北宋末年。南宋初，广州市舶收入仍居全国

---

① ［美］谢弗：《唐代的外来文明》，中国社会科学出版社1995年版，第26—27页。
② ［日］桑原骘藏：《蒲寿庚考》，中华书局1954年版，第4页。

首位。《宋会要辑稿·职官》记载，南宋高宗绍兴二年（1132年），广南东路经略安抚提举市舶司奏曰，"广州自祖宗以来，兴置市舶，收课入倍于他路"。

南宋时期，泉州与广州并列为海南诸国来华贸易的主要港口。孝宗乾道元年（1165年）有奏者曰，"福建（泉州）广南（广州）皆有市舶，物货浩瀚，置官提举实宜。惟两浙冗蠹可罢"[1]。周去非的《岭外代答》说，东南亚、印度、阿拉伯等国家的商船来中国，"其欲至广者，入自屯门；欲至泉州者，入自甲午门"。南宋后期，广州与泉州并称泉广，证明两者地位同等重要。元代尽管泉州后来者居上，声名远扬，但广州港依然保持兴盛的态势，航海贸易更加开放和繁荣。按宋人赵汝适的《诸蕃志》记载，宋代与广州有贸易往来的南海国家和地区共计五十多个。元人陈大震的《南海志》则记录了与广州有贸易往来的国家和地区一百四十多个。书中称赞广州为"蕃舶凑集之所，宝货丛聚，实为外府，岛夷诸国名不可殚"，说明广州在元代依然是一个繁忙的对外贸易大港。元代史籍中还有很多类似记载可证广州的贸易兴盛，如"岁时蕃舶金、珠、犀象、香药、杂产之富，充溢耳目，抽赋帑藏，盖不下巨万计"[2]；"服岭以南一大都会，临治海岛。近岁以来，贡赋货殖充斥，瑰异比于中州"[3]；"广海在南服万里，为天子外府。联属岛夷，聚落作大藩镇。贾舶所辖，象犀珍珠，翡翠玳瑁，委积如山"[4]等。元代阿拉伯旅行家伊本·白图泰（Ibn Batuteh）在其游记中称赞广州，是"世界大城中之一也。市场优美，为世界各大城所不能及"。与马可·波罗齐名的意大利旅行家鄂多立克（Odoric）也在其著作《东游录》中写道，广州是一个比威尼斯大3倍的城市，"该城

---

[1] 《宋史》卷167。
[2] 吴莱：《南海山水人物古迹记》，《渊颖集》卷1。
[3] 虞集：《道园类稿》卷23，《广州路文成庙记》。
[4] 刘仁本：《送吴明仲赴广东帅阃经历序》，《羽庭集》卷5。

有数量极其庞大的船舶……整个意大利都没有这一个城的船只多"。在总的发展趋势上,尽管泉州刺桐港的声名远扬海外,但广州港并没有就此衰落,而是历经宋元两代一直保持了经久不衰。

(二) 深度的文化融合:外国衣装盛,中原气象非

宋元时期广州城市发展的国际化特征更加突出。海外贸易规模的扩大和商贸活动的繁荣,导致外来人口不仅数量众多,而且出现移居、通婚等更深层次的文化融合现象。据《续资治通鉴》记载,熙宁五年(1072年),广州城外蕃汉杂居已有数万家之多,其中不少携妻带子女来华侨居者,《萍洲可谈》称其为"住唐"。书中介绍说,"北人(华人)过海外是岁不归者,谓之住蕃;诸国人至广州,是岁不归者,谓之住唐"。《宋会要·刑法》亦提及,"每年多有蕃客带妻儿过广州居住"。这些居留在广州的蕃商,不乏大富之家,如阿拉伯商人辛押陁罗,他曾担任广州番坊的蕃长,朝廷封其为"归德将军",不仅在衣着打扮上完全汉化,而且累积家财巨万。苏辙《龙川略志》卷5云,"番商辛押陀罗者,居广州数十年矣,家资数百万缗"。《东南纪闻》卷3云,"番禺有海獠杂居。其最豪者蒲姓,本占城之贵人也。后留中国,以通来往之货。居城中,屋室侈靡,富盛甲一时"。岳珂所著《桯史》也提及这位豪富的"蒲姓商人",称其居室侈靡逾禁,"宏丽奇伟,益张而大,富盛甲一时"。《宋会要·职官》记载了阿拉伯商人蒲里亚在广州与华人通婚之事。"市舶司全藉蕃商来往货易。而大商蒲里亚者,既至广州,有右武大夫曾纳利其财,以妹嫁之。里亚因留不归",当时的皇帝宋高宗担心"里亚不归"会影响广州市舶收入,于是诏令广州的地方官员,"劝诱亚里归国,往来干运蕃货"。宋人书籍中对于广州番坊(蕃商)的风情民俗等记载较详的是朱彧的《萍洲可谈》。《四库全书提要》提及,朱彧的书中所描述的多是"其父之所见闻,而于广州番坊市舶言之尤详"。宋代广州的"番坊"较之唐代规模更大,还增加了蕃市、蕃学等附属设施。据蔡绦的《铁围山丛谈》中记载,"大观(1107—1110年)、政和(1111—1117年)之间,天下大治,四夷响风,广州泉州请建蕃学"。以上记述或可推知宋代广州蕃商之多以及番坊之盛,也证明宋元时期广州城市发展的国际化程度较唐代更加深入和广泛。这种国际化特征与广州的商贸文化密切相关,一方面商贸活动的繁荣催生了广州城市发展的国际化现象;另一方面国际化的城市环境与文化生态也深刻地影响了广州商贸文化特质的形成。

五 明清广州的"一口通商"

明清由于海洋政策和国际海洋环境的改变,全国沿海各大港口的发展都受到抑制,海上丝绸之路的航线也发生重大变化。泉州港在明代以后逐渐衰落,后被厦门港所取代;而广州即使在明代全国性的海禁和贸易萧条之时,仍然是全国唯一保持繁荣的对外贸易大港。可以说,广州是明清时期全国最重要的对外贸易港口。这种重要性,在很长一段历史时期内表现为广州在全国外贸体系中的垄断地位,即"一口通商"。

(一)明代海禁与朝贡贸易制度下广州港的对外开放

广州是明代唯一自始至终保持开放的官方外贸口岸。明代实行长期的海禁政策。在禁绝民间海外贸易的同时,实行特殊的朝贡贸易制度,即由官方垄断专营海外贸易,并与朝贡制度严密挂钩,从而形成朝贡与贸易合二为一的"贡市一体化"格局。在明代大部分时间内,朝贡贸易是海外贸易唯一合法存在的形式,传统的对外贸易港口大部分处于关闭状态,唯有市舶司所在的广州、泉州和宁波三大港口,仍然保持正常的对外开放。明初三大市舶司分管不同的区域，所谓"宁波通日本，泉州通琉球，广州通占城、暹罗、西洋诸国"。其中，以广东为最盛，存在的时间最长，管理的国家最多。

正德以后，广东市舶司打破朝贡贸易的禁制，面向所有海外番舶实行抽分制，独占外贸之利。正德九年（1514年），广东右布政使吴延举以"缺上贡香物"为名，订立番舶交易之法，"不问来年，来即取货"，于是外国商船接踵而来。据胡宗宪的《筹海图编》中记载，"商舶乃西洋原贡诸夷载货舶（泊）广东之私澳，官税而贸易之"。明代后期广东市舶司的功能已经发生质的变化，不再仅仅为朝贡贸易服务，而是扩展到整个海外贸易；市舶司存在的目的也不再是政治上的"怀柔远人"，而是经济上的增加财政收入，即"岁可得银数万两，以充军国之用"。到了晚明，广东市舶司甚至与盐课提举司并称雄富，所谓"天下如此衙门，亦不一二见"[1]。浙江和福建两大市舶司相对冷清，嘉靖以后基本上就处于闲置甚至废坏的状态。隆庆元年（1567年）浙江市舶司被罢废，万历八年（1580年）福建市舶司被裁革，晚明时期对外国商船开放的正式口岸唯有广州。

广州作为管理者和供需市场的提供者，参与了以澳门为枢纽的东西方国际贸易大循环。明代后期，澳门是当时最重要的东西方国际贸易中转港。葡萄牙人开辟的澳门—果阿—里斯本、澳门—长崎、澳门—马尼拉—墨西哥，这三条主要的国际贸易航线沟通了四大洲（亚洲、非洲、欧洲、美洲）和三大洋（大西洋、印度洋、太平洋），构筑了当时最大和最重要的东西方贸易网络。但葡萄牙人以澳门为枢纽的东西方贸易，建立在对广州的高度依赖之上。澳门贸易的供求市场都在广州，同时归属广东市舶司征税和管理。

明代后期广州每年举办一次交易会，会期延续两三个月，

---

[1] 颜俊彦：《盟水斋存牍》，转引自李庆新《从颜俊彦〈盟水斋存牍〉看明末广州、澳门贸易制度若干变动》，《学术月刊》2001年第1期。

有时可达四个月。自 1580 年以后，根据两次不同的季候风，扩展到两次。这也是现在广交会的最早起源。"从 1 月份起，澳门的外国商人即开始为马尼拉、印度和欧洲购置商品，而 6 月份则为日本，以便在西南和东北季候风到来时，分别把货物运出去"[1]。王临亨的《粤剑篇》中记载了万历十九年（1591 年）葡人入广州城交易的状况，"西洋左里（Calicut，在印度西岸果亚以南），其国乃西洋诸番之会，三四月间入中国市杂物，转市日本诸国以觅利，满载皆阿堵物也。余驻省时，见有三舟至，各赍白金三十万授税司纳税，听其入城与百姓交易"[2]。广州的交易会也是葡人的销售市场。《利玛窦中国札记》记述说，"葡萄牙商人已经奠定了一年举行两次集市的习惯，一次是在一月，展销从印度来的船只所携带的货物；另一次是在六月末，销售从日本运来的商品。这些市集不再像从前那样在澳门港或在岛上举行，而是在省城（广州）本身之内举行"。

澳门实际上执行的是广州外港功能。作为中转港，澳门的进出口货物，主要通过广州向各地集散，所以澳门贸易在很大程度上就是广州贸易。"广州诸泊口，最是澳门雄"[3]。外国商船来广州贸易，但是需要在澳门执行港口停泊、查验及上税等职能，所以"诸夷相继通商于粤，皆倚澳门夷为东道主"[4]。另外，澳门对内联系需要通过广州进行。从澳门转销印度、日本、欧洲、美洲的中国商品，几乎都是来自广州的供应，而广州又以全中国为经济腹地。从世界各国运来澳门的番货，大部分也都是通过广州的集散流向全国各地。明万历年间订立的《海道禁约》中明确规定，"凡夷趁贸货物，俱赴省城公卖输饷，如有奸徒潜运到澳与夷，执送提调司报道，将所获之货尽行给赏首

---

[1] 张天泽：《中葡早期通商史》，香港中华书局，第 102 页。
[2] 王临亨：《粤剑篇》卷 3。
[3] 印光任、张汝霖：《澳门记略》上卷，广东高等教育出版社 1988 年版。
[4] 民国《香山县续志》卷 6，《海防》。

报者，船器没官。敢有违禁接买，一并究治"。因此，明代后期广东市舶司的兴盛得益于澳门的繁荣，而澳门的繁荣同样依赖于广州，两者是共荣互补的关系。

（二）清代"一口通商"制度下广州的垄断地位

清初实行了约四十年的海禁。康熙二十三年（1684 年）开海之后，全国成立粤、闽、浙、江四大海关，但唯有广州所在的粤海关才以对外贸易为主。"四口通商"时期，广州已经是最主要的对外贸易港口。从乾隆元年至乾隆二十一年（1736—1756 年），粤海关年均税入 44.9 万余银两，占四大海关年收入总量的 51.57%，超过其他三大海关之和。[①] 事实上早在康熙五十年（1711 年）前后，外国商船就自发地集中于广州，四口通商已经有名无实。以鸦片战争前对华贸易最盛的英国为例，从康熙二十三年（1684 年）开海禁至乾隆二十二年（1757 年）一口通商以前，英国东印度公司来华贸易的商船共有 232 艘，其中前往广州的 194 艘，前往厦门的 19 艘，前往舟山（宁波）的 18 艘，还有 1 艘是去澳门。[②] 正如西方人所说，"17 世纪时，小规模的通商是在许多地点进行的，但是却有集中广州的倾向……故自 18 世纪初叶起，广州自然而然地成为一个主要的商港"[③]。

乾隆二十二年（1757 年）正式实行一口通商之后，"外洋商贩，悉聚于广州一口"，广州名正言顺垄断全国对外贸易长达八十多年。"一口通商"制度下，广州不仅垄断了全国的对外贸易，而且在全国水陆所有权关组成的商品流通和贸易体系中举

[①] 《朱批奏折》（关税），中国第一历史档案馆藏。转引自廖声丰、符刚《试论"一口通商"时期闽海关的商品流通》，《江西财经大学学报》2001 年第 2 期。

[②] ［美］马士（H. B. Morse）：《东印度公司对华贸易编年史》第 1、2 卷，中山大学出版社 1991 年版，第 309—321 页；《东印度公司对华贸易编年史》第 4、5 卷，中山大学出版社 1991 年版，第 628—632 页。

[③] H. B. Morse, *The Gilds of China: With an Account of the Gild Merchant or Co-hong of Canton*, Longmans, Green and Company, 1909, pp. 65–66.

足轻重。根据《粤海关志》卷 24 的记载,自乾隆十四年(1749年)至道光十八年(1838 年)的 90 年间,来广州贸易的西方商船总计为 5266 艘。1749 年至 1758 年,来广州的西方商船为 194 艘,1779 年至 1788 年,增加到 504 艘,1809 年至 1818 年,增加到 807 艘,1829 年至 1838 年增加到 1101 艘。从贸易规模上来看,1764 年,广州进出口贸易总值为 5545847 银两;[①] 1792 年,进出口贸易总值增加为 12560177 银两;[②] 1830 年至 1833 年,进出口贸易总值达到 22636249 银两。[③] 短短 70 年间,贸易总值增加了大约 3 倍。广州对外贸易之盛,还可从粤海关的税收增长略窥一二。18 世纪下半叶开始,粤海关在全国水陆所有权关中高居榜首的位置。嘉庆十六年(1811 年)粤海关的税收(1165262 银两)占全国 24 户关税收总额(4276564 银两)的 27.2%,超过四分之一;嘉庆十七年(1812 年)粤海关的税收(1347937 银两)占总数(4479208 银两)的 30.1%,将近三分之一。[④] 由此可知,广州的对外贸易在清前期整个商品流通和贸易体系中都举足轻重。是故屈大均《广东新语》称其为"金山珠海,天子南库"。乾隆年间的诗人李调元有《南海竹枝词》赞曰:"自是繁华地不同,鱼鳞万户海城中。人家尽蓄珊瑚鸟,高挂栏杆碧玉笼。奇珍大半出西洋,番舶归时亦置装。新出牛郎印光缎,花边钱满十三行。"1833 年的 *Chinese Repository* 描述了广州当时的贸易盛况,"广州的地理形势和中国政府的政策,再加上其他各种原因,使得广州成为对内对外贸易极盛之地……中华帝国与西方列国的全部贸易都聚会于广州。中国各地物产都运来此地,各省的商贾货栈在此经营着很赚钱的买卖。东京、

---

① 严中平:《中国近代经济史统计资料选辑》,科学出版社 1955 年版,第 4—5 页。
② [美] 马士(H. B. Morse):《东印度公司对华贸易编年史》第 1、2 卷,中山大学出版社 1991 年版,第 518 页。
③ 严中平:《中国近代经济史统计资料选辑》,科学出版社 1955 年版,第 4—5 页。
④ 汇核嘉庆十七年各省钱粮出入清单,《史料旬刊》第 28—30 期。

交趾支那、柬埔寨、缅甸、马六甲或马来半岛、东印度群岛、印度各口岸、欧洲各国、南北美各国和太平洋诸岛的商货,也都汇集到此城"①。总的来说,一口通商带给广州特殊的发展机遇,这种绝对优势直到近代以后才被上海所打破。

(三) 明清广州城市发展的巅峰

广州作为港口和商贸城市的繁荣,虽然历史上几乎从未间断,但直到明清才借助于对外贸易的垄断,发展到巅峰。1850年,在世界城市经济十强中,广州名列第四,是当时世界级的大城市之一,这是当代的广州至今还未实现的目标。比当代广州的英文名"Guangzhou"更具有国际认知度的"Canton",最早源于指代明清一口通商时期的广州。明清一口通商的主要贸易对象已经不是阿拉伯人,而是来自欧美的现代资本主义国家,因此明清时期的广州作为西方人认知中东方最古老的贸易口岸,在当今世界各国特别是欧美地区具有较高的知名度。这是当代广州创建国际化营商环境特别值得整合利用的历史优势。

明清广州经济实力的提升,主要依赖于对外贸易的垄断。外贸垄断除了带来直接的经济利益,也大力推动了广州的城市发展。商贸业的发展无出其右。江南、闽、浙各省丝、茶、瓷器等物指定从广州出口,进一步强化了广州的商品流通和集散功能,当时有"广州之货,天下未必有;而天下之货,广州尽有之"②的说法,而商品的极大丰富,也进一步刺激了相关上、下游产业的繁荣。商品经济推动了手工业的进步,广州的造船、五金、纺织、食品加工业等,在当时都处于全国领先水平。城市规模进一步拓展,特别是以十三行一带为核心,整个西关地

---

① *Chinese Repository*, Vol. 11, 1833, p. 289. 转引自姚贤镐《中国近代对外贸易史资料》,中华书局1962年版,第305页。

② 屈大均:《广东新语》。原文为"计天下所有之食货,东粤几尽有之,东粤之所有食货,天下未必尽有之"。

区的经济文化繁荣,对当代广州城市精神和文化特质的形成影响至深。

六 近现代广州"领风气之先"与商贸文化转型

(一) 近现代广州地缘优势的转变

在近代以后,随着上海的崛起,对外贸易的中心从珠江流域转到长江流域,广州港的垄断优势不复存在;第二次鸦片战争以后,全国沿海及内河港口陆续开放,外贸资源进一步分散。由于开放口岸的增多,以及外国势力从沿海扩展到内河航运,外贸进出口不再集中于一个或两个大港。天津、汉口甚至广州附近的汕头等港口的新兴,进一步分流了广州的外贸资源。历史上长期享有的对外贸易优势被打破,但广州并未因此而衰落。在全国对外贸易体系中,尽管广州所占的比例基本处于不断下降的趋势,但从位次上来说,广州在1916年以前一直保持着全国第二大港的地位。具有2000多年开放贸易传统的广州,只是失去了之前的领先地位,从贸易规模和影响力上来说,广州仍是近现代中国对外贸易最重要的港口之一,也是华南地区的枢纽港口。同时,借毗邻港澳的地利之便,广州成为近现代中国睁眼看世界的窗口和桥梁。新的地理优势,使广州成为近代西方新思想、新科技进入中国的首站,更突出地表现出文化上的开放和领先的态势,历史上广州的开放主要是经济上的开放、是东西方国际贸易的枢纽港;近现代广州的开放更多表现为思想文化上的开放、是西学东渐的冲要之地、是中外文化交流的中心。因此,近现代广州的商贸文化既与历史上面向海洋的开放传统一脉相承,又在内容与形式上推陈出新、演化出新的时代特征。

(二）近现代广州城市功能的转变

历史上广州因港而兴，从著名的东方贸易大港逐步发展成为综合性的中心城市。特别是在明清一口通商的制度优势下，广州城市规模的拓展、城市功能的完善、综合实力的提升等都有明显进步。1850年进入世界经济十强，也反映了广州作为城市整体的强大实力。近现代广州尽管港口地位下降，但作为华南地区的中心城市和核心枢纽地位进一步确立。

近代广州是岭南地区的中心城市。作为岭南地区长期以来的政治中心，整个华南地区包括港澳都认同广州的核心地位。近代广州也以省城著称，执行综合性的服务功能。作为岭南文化传统的核心区域，西方新思想、新科技、新文化，以港澳为中介，首站进入广州，再辐射全国。广州得风气之先，既是毗邻港澳的地利之便，也是传统上岭南地区中心城市的地位认同所致。广州的直接经济腹地珠江三角洲，自明清以来得到较快开发，壤地饶沃、基塘农业发达，手工业、商业闻名天下，城镇密度高、数量众多，水陆交通便利，这些优势条件也为广州城的稳定和繁荣发展提供有力支撑。依靠富庶的珠江三角洲和毗邻港澳的优势，广州在原来作为华南经济中心的基础上发展起来，向现代工商业、贸易和交通中心的方向迈进，演变为综合性的多功能经济中心。

近代广州是华南地区综合性的经济中心。尽管港口贸易不再是广州发展的核心，经贸与交通的近现代发展，加速了它作为经济中心的近现代化过程，增强了它的经济实力和内外辐射能力。20世纪30年代，广州已建立起包括制糖、纺织、造纸、橡胶、水泥等现代企业，进一步强化了综合性经济中心的地位。商业流通网络更加发达，集散地有行（商行）、栏（批发货栈）、市（专业市集）的不同分类。如1930年，市区内经登记的商铺就有35946家。广州号称有七十二行，进出口商行、百货业、文化用品业、眼镜业、纺织品业、五金业、化工原料业、粮油业、照相业、售书业等百业兴旺，成为具有全国意义的华南商品交换中心。

广州是华南地区的交通运输枢纽。随着近代科技文明的进步，广州也建立起包括铁路、公路、内河海运乃至航空在内的通往国内外的交通运输网络，成为华南地区的交通运输枢纽。据不完全统计，晚清三角洲地区有长行渡1233条，横水渡440条。以广州、佛山、江门、肇庆、惠阳为区域性航行枢纽，次为以县城为中心的县内航线，深入大小流域。长行渡与广州、香港等通商口岸的联系比与地方城市的联系更为密切。1912年公路运输在广东出现，先由广州至近郊，此后各地公路接踵而起，构成以广州为中心，向四方辐射的公路系统。主要干线包括东路：广州—增城—博罗—惠来—潮安—福建；西路：广州—德庆—梧州，广州—三水—四会—广宁—广西怀集（今属广东）；南路：广州—南海—鹤山—开平—恩平—阳春—茂名—防城—安南（今越南），高明—鹤山—台山—赤溪，佛山—顺德—新会—台山，顺德—中山—澳门；北路：广州—花县—从化—南雄—江西，四会—清远—英德。到1937年年底，已经形成以广州为中心，由17条干线，326多支线组成纵横省内东西南北的公路运输网络。随着近代产业的兴起，新的交通方式又以广州为核心和枢纽建立起来，如广三、广九、粤汉、新宁等铁路的兴建，构成广州为核心和枢纽的华南地区经济运行的生命线。

（三）商贸文化的转型与重构

近现代广州是岭南地区的中心城市，执行的是综合性的服务功能，港口贸易不再是广州发展的核心，因而商贸文化的外延也更加广泛，类型更加丰富和多样化。以商贸文化为基础，近代广州城市发展的新特点是综合服务功能的提升和消费娱乐文化的繁荣。西方新思想、新技术的进入和传播，不仅带动了新闻报刊、教育、科技、医药、建筑等多个行业的进步，也丰富了广州商业业态的类型、改变了广州商贸服务业的空间结构。除了传统因贸易而衍生的各种商贸服务业、城市手工业，大型零售百货、影画院、戏院等新兴消费娱乐产业蓬勃发展。近代广州四大百货公司先施、大新、真光、光商在西关的集聚，明珠、金声、西濠、广州等影、画院的兴盛，以及鳞次栉比的洋行、商铺、食肆等，与西关大屋、骑楼建筑、岭南画派、粤剧艺术等共同构成了近现代广州的繁荣景象。

近现代广州商贸文化的特点，主要表现为：第一，与"得风气之先"的新思想、新文化的传播相对应，商贸文化求变求新，近代百货业和影画院等新型消费娱乐文化的兴起，长堤大马路一带的商业繁荣，都表现出广州作为省城和岭南中心城市领风气之先的创新性和对外辐射的引领功能；第二，综合性功能更加突出，在港口功能弱化后商贸文化的发展因应了中心城市综合性服务功能的提升，商业、手工业、饮食服务业、消费娱乐业等主要为中心城市的生活和发展提供综合全面服务，并表现出门类化、专业化、体系化的发展趋势。

七　广州历代商贸文化的发展特征

广州的商业萌芽最早可追溯到先秦。贸易商港的利用可能是中国历史上最早的，也是最悠久的。广州城因港而兴，因商而立，从建城伊始就与商贸活动有千丝万缕的联系。秦汉时，广州就是有史可证的全国主要商业都会之一。这种商业城市属性及其全国性的影响力一直稳定地延续至今，构成千年商都独特的文化底蕴。

总的来说，从历史发展的角度来看，广州的商贸文化传统主要表现为以下几个特征。

（一）稳定而持久的传承性

秦汉以来，港口与海外贸易一直是广州城市发展的主要动力，商贸业也是广州城市经济活动的主要支撑点，历史底蕴深厚；凭借古代海上丝路贸易主港的优势，广州历史上商贸文化的繁荣几乎从未间断，千年城址不移也使这种繁荣保持了稳定的地方性。千年古港和商贸之都，共同构成对商贸文化的传承和认同。

（二）本质性的建构意义

商贸文化对于广州的意义，是一种本质性的建构。古代经济都会，大多位于经济发达的区域，比如早期的黄河流域，后来的长江流域，以及丝绸业发达的巴蜀地区。广州位于古代生产力相对低下的岭南地区，直接经济腹地珠江三角洲直至明清才得到有效开发。港口贸易和商贸活动是贯穿广州城市发展史的主线，在千百年来不断地实践、再实践的过程中，这种商贸文化传统已经根深蒂固，成为广州城市文化的基底。近现代以来，广州港口贸易的地位虽然有所下降，商贸文化的形态、结构、类型、特点都随着城市政治、经济活动的变化而变化，但开放、平等、兼容并蓄的商业文化本质并未改变。千年商都的传统和精神依然支配着现当代广州的经济文化活动。只是在现代化进程和全球化浪潮的显性推动下，传统的力量变得更加隐蔽和含蓄。

（三）高度的外生文化

与灿烂的中原农耕文明相比，古代岭南地区被称为蛮荒之地，经济文化的进步主要依靠中原移民带来的先进技术和文化。位于蛮荒之地的广州，早期的唯一优势就是地理区位优势，即充当中国通过南海航路联系世界的海上门户。因此，广州的发展必然与外界的联系十分密切。在中国闭关锁国的历史时期，广州也往往是唯一的对外交流通道。可以说，两千多年的城市发展史中，广州几乎从未停止与外界的交流和互动。外来的蕃商远渡重洋，广州的粤商行走四方，还有来自全国各地的商旅汇聚广州。经济与文化的流动几乎从未间断。正是这种交流与互动，奠定了广州的城市发展和进步。

与古代大部分地区的封闭、保守和孤立性相比，广州的商贸文化表现出高度的开放、平等、多元融合以及以商业交换为准则等特征。广州的城市气质中所包含的平等、包容、杂糅以及明显的商业意识、服务意识等，与中原地区秩序井然的正统文化也迥然不同，即便是在当代的北、上、广三大一线城市的比较中也是最明显的差异之一，也往往被视为广州独具的城市发展优势。

（四）历史上的国际化城市

与高度的外生性和开放性相对应，广州历史上也是高度国际化的城市。早在六朝时期，循南海航路而来的不仅有海商，还有来华弘法的宗教人士。佛教高僧如沙门强梁娄至（真喜）、梵僧求那罗跋陀、求那跋摩（功德铠）、求那跋陀罗（功德贤）、僧伽跋陀罗（众贤）、求那僧伽跋多（智药三藏）、波罗末陀（真谛）等都曾在广州传教译经。广州也成为当时全国的译经中心之一。佛教文化最早在广州的流布，也反映出广州对外来人士和外来文化的接纳和宽容度。唐代广州建立了专门的外国人居留地"番坊"，宋代在此基础上增加了蕃市、蕃学等附属设施。古诗中"外国衣装盛，中原气象非"的描述，充分体现了广州城市景观中的国际化现象。"一口通商"以来，"广式英语"的出现也证明广州的国际化环境依然存在。当代的广州要营造国际化营商环境，或许可以从国际化的历史传统中寻找思路和突破。

第四章　广州国际化营商环境的历史成因

营商环境是指伴随企业活动整个过程（包括从开办、营运到结束的各环节）的各种周围境况和条件的总和。良好的营商环境包括公平正义的法治环境、透明高效的政务环境、竞争有序的市场环境、开放包容的社会文化环境等。从城市发展的视角来看，建设国际化营商环境，可以更加有效地吸引全球先进生产要素的集聚，提高城市的国际竞争力。作为一座两千年不衰的商业城市，商业和贸易是广州长期以来城市发展的核心驱动力。

建设国际化营商环境，广州具有特殊的历史优势。这种优势表现在：其一，作为古代海上丝绸之路的主港，广州是最早参与全球经济文化大循环的城市，广州的城市发展也一直深受国际化（全球化）进程的浸润，历史上的广州曾经是高度国际化的商业城市；其二，广州因港而兴，因商而立，对内经济腹地辐射全国，"犀象珠玉，走于四方"，对外是全球经济贸易网络中的枢纽节点，最盛时与世界一百四十多个国家和地区都有贸易往来，商贸优势和市场的基因深深根植于城市两千多年的历史进程之中；其三，商业文化和商业精神构成广州城市文化的本质和基底，也深刻影响着广州的社会和政治生态，广州相对廉洁的政府、相对高效的服务、相对规范的管理和相对有序的市场环境等都融合了一定的历史惯性和文化的潜移默化；其四，两千多年来广州的城市发展几乎一直保持着对外开放和与世界的交流互动，开放与包容是广州最显著的城市特征。从世界先进城市如纽约、东京、中国香港等的发展经验来看，开放包容、宜居宜业的城市环境对全球高端要素资源的吸引，是建设国际化营商环境的关键要素之一。

一 国际航线：全球经济体系中的世界性贸易城市

凭借优越的地理区位，广州自古以来就是中国向世界开放的重要门户和联系东西方经济文化往来的重要通道。在不同的历史时期，广州通过不同的远洋航线与世界各地不同的国家和地区进行商贸往来，既有经济上的互通有无，也有人员的交流、文化的扩散、信息的传播，这是广州特有的高度开放和外生文化的根源所在。在早期海运是国际运输主要方式的历史背景下，广州在全球经济和贸易体系中的重要性也不言而喻。历史上广州与东南亚、南亚、东非、欧洲以及南北美洲等诸多国家和港口城市的紧密联系，也为当代广州参与"一带一路"建设奠定了优势和基础。

（一）历史悠久，早在先秦时期已有远洋航线和对外贸易

在无文字记载前，越人已经在大迁徙的过程中开辟了我国东南沿海至东南亚各地的远洋航线，商人利用这些航线，互通有无，往来贸易。据菲律宾某大学教授考证："约在周秦时代，菲律宾的统治者履朝中土，而中国商人亦常运绸、米于菲岛贸易，经三月而返"，认为广州当时已通过海陆与南洋诸国进行贸易。[①] 广东航运史专家也指出，珠江口以西的一段航线是广州通

---

① 陈里特：《中国海外移民史》，山西人民出版社2014年版，第1页。

往中南半岛和南洋群岛各地最古老的航线。① 它实际存在的时间要比文字正式记载的要早，从各方推算，早在先秦时期这条航线就已开通。正因为有这条航线，所以《淮南子·人间训》才指出南越（岭南地区）是海内外各种珍品，尤其是翡翠、珠玑、犀象、玳瑁等舶来品的集散地。一般认为，番禺（广州）是先秦时期最古老的海港之一。②

（二）从汉代海上丝绸之路到三国以后广州新航路的开辟

《汉书》卷28《地理志》最早记载了一次中国与海外的交通贸易航线：从徐闻、合浦、日南等地起航，沿印度支那半岛海岸线航行，渡过暹罗湾后，再南下至马来半岛东岸登陆，步行越过克拉地峡，到西岸今缅甸的一个港口登陆，然后绕孟加拉湾海岸线航行，抵达印度半岛东南隅，南下至斯里兰卡，返航。这段记载所描述的印度洋航线，不仅是我国航海史上有官方记载的第一次远洋航行，而且是当时世界上两条最远的远洋航路之一。尽管官方记载的汉代海上丝绸之路并不是以广州为起点，但却是建立在南越国的对外贸易基础之上。史料记载中南越国献给西汉皇帝的贡品中有"白璧一双，翠鸟千，犀角十，紫贝五百，桂蠹一器，生翠四十双"等不少海外舶来品，足证南越国时期番禺已经与海外诸国有经济贸易往来。番禺是当时的南越国都，也是一个优良的港口。从番禺的经济地位、当时南岭的交通条件以及整个岭南地区的经济发展水平等考虑，汉代海上丝绸之路所带来的商品贸易，最大的可能是在番禺集散。因此，汉代海上丝绸之路尽管是以日南障塞、合浦、徐闻为始发港，但最终的商品贸易流向可能是番禺，这就使广州与汉代海上丝绸之路发生了重要的联系。

三国以后，由于造船技术的进步，其时的海船趋向大型化。

---

① 叶显恩主编：《广东航运史（古代部分）》，人民交通出版社1989年版，第28页。
② 章巽：《我国古代的海上交通》，商务印书馆1986年版，第8页。

据《南州异物志》所载,"大者长二十余丈,高去水二三丈,望之若阁道,载六七百人,物出万斛"。大的海船可以载六七百人,以及近万斛的货物。按《宋会要》和《明会典》的解释,一斛相当于一石,约120斤。航海技术也较汉代有明显提高。三国时航行于南海的商船已经掌握了风帆驶风技术,速度更快,而且船只载重量加大,使得抗击风浪的能力大大增强。由于造船业的发展和航海技术的提高,三国孙吴时期新开辟了一条广州经海南岛东北角的七洲洋进入南沙群岛海面到达东南亚的航线。这条航线大大缩短了广州到东南亚诸国的航程,也导致了徐闻、合浦等北部湾一带汉代海上丝绸之路始发港的衰落。

两晋南北朝时期,从广州出发,经耶婆提(今爪哇)、狮子国(今斯里兰卡)到印度恒河口多摩利帝国,已有一条经常往来的航线。从广州出发的船,还可在印尼或中南半岛的一个港口直航波斯湾,到达幼发拉底河及底格里斯河的港口和阿拉伯半岛西南的亚丁。这条重要的深水远洋航线的开辟,让东南亚、南亚、西亚、东非等国家的商船能直接抵达广州,使广州在海外交通和对外贸易的地位变得更加重要。

隋代广州南海航路的丰富是开辟了一条通往当时中南半岛最有影响力的国家——赤土的国际航线。这条航线从广州出发,沿安南沿海航行,经焦石山(在安南海岸外,邻近岘港)和泊陵伽钵拔多洲(即华列拉岬,西与林邑相对),再南下至狮子石(即老岛),进入暹罗湾后,沿真腊海岸航行,到马来半岛北部东岸,望狼牙须国之山,南达鸡笼岛,最后抵达赤土国(在马来半岛的中部)。这是众多广州往东南亚的贸易航线之一。南海航路大方向是在不断向印度洋延伸,贸易范围不断扩大,但参与南海贸易的国家历代都有所变化,特别是东南亚一带小国林立,此起彼伏,更迭变化较多。赤土国应是六朝以后马来半岛崛起的一个海上贸易中心。这条国际航线的开辟,也是促进广州贸易发达的重要表征。

（三）世界上最长的远洋航线：唐代"广州通海夷道"

唐代，在原有的南海航道"海上丝绸之路"的基础上，开辟了当时世界上最长的远洋航线，从广州出发，经南海、印度洋沿岸，抵达波斯湾诸国，即历史上著名的"广州通海夷道"。据当时文献记载，每天抵达广州的外国商船平均有 11 艘，全年到港商船数达 4000 余艘。《新唐书·地理志》附载了贾耽所记述的唐代交通四邻的七条主要通道，是今人研究唐代对外交通的主要参考依据。这七条通道包括五条陆上通道和两条海上通道。其中，海上通道之一就是大名鼎鼎的"广州通海夷道"，另一条则是北方联系朝鲜半岛和日本列岛的"登州入高丽渤海道"。根据贾耽的记载，"广州通海夷道"的行程如下：从广州出发，经海南岛东面，循中南半岛东南海岸南行，至马六甲海峡，再沿马来半岛东岸南下，可抵达苏门答腊岛东南部的佛逝国，向东行可到今印度尼西亚的爪哇岛；从马六甲海峡西行，经过尼科巴群岛，可抵达斯里兰卡和印度等南亚诸国；接着从印度的奎隆出发，沿南亚半岛西岸东北行，通过霍尔木兹海峡，可进入波斯湾；如果换乘小船，溯流而上可至末罗国（今伊拉克巴士拉），又西北陆行千里，可到所都缚达城（巴格达）；从波斯湾的巴士拉、奥波拉东行，出霍尔木兹海峡，沿阿拉伯半岛南岸西航，至红海口，越过曼德海峡南下可到东非海岸。整条航线历时约 100 天。这条"广州通海夷道"也可在阿拉伯人所著的《中国印度见闻录》中得到印证。《中国印度见闻录》是以曾旅居中国的阿拉伯商人所见所闻写成，书中详细记载了从波斯湾前往中国广州的国际航程。书中提到，中国商船其时已经可以抵达波斯湾的尸罗夫（Sirah）港（遗址在今塔昔里港），大部分货物是从巴士拉（Bassorah）、阿曼及其他地方运到尸罗夫，并在此装运到商船上。商船从尸罗夫出发，经阿曼北部的马斯喀特，至印度的故临（Koulam-Malaya，即今印度北部的奎隆），再进入孟加拉湾，经斯里兰卡和尼科巴群岛后抵达箇罗（Kalah-Vara），商船从这里向马来半岛的潮满岛（Tiyouman）前进，经奔陀浪山（Pan-do-uranga）到达占婆，再通过占不牢山（Tchams），最终抵达广州。阿布·赛义德·哈赛在《中国印度见闻录》卷2中继续补充了从波斯湾的阿曼继续向西，经红海海岸北上到苏伊士（埃及港市）的航线。① 此外，阿拉伯人伊本·胡尔达兹比赫《道里邦国志》，以及马苏第《黄金草原》，也都谈及阿拉伯人与中国的海上交通，其记述与贾耽所记"广州通海夷道"可互为参照和印证②③（见图4-1）。

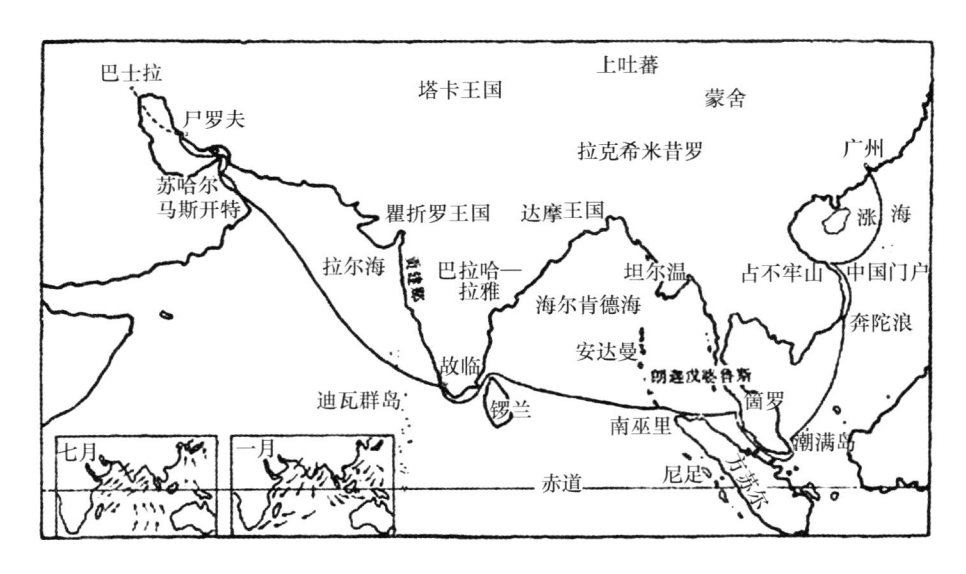

图4-1 9世纪到10世纪阿拉伯人航海东来路线图④

梁启超《世界史上广东之位置》一文，引用高楠顺次郎所统计的唐代广州与南海、波斯湾地区的定期国际航线，共计有

---

① 《中国印度见闻录》，穆根来等译，中华书局1983年版，第130—131页。
② ［阿拉伯］伊本·胡尔达兹比赫：《道里邦国志》，中华书局1991年版，第64—74页。
③ ［阿拉伯］马苏第：《黄金草原》，青海人民出版社1999年版，第195—201页。
④ 《中国印度见闻录》，穆根来等译，中华书局1983年版，第167页。

6条：（1）中国商船，往返于广州、南海、锡兰、阿剌伯、波斯之间（此线经阿剌伯海岸入波斯湾）；（2）中国商船，往返于广州、南海、锡兰、米梭必达迷亚之间（此线经阿剌伯海之南复经亚丁峡、红海）；（3）波斯商船，往返于波斯、锡兰、南海、广州之间；（4）大食商船，往返于阿剌伯、锡兰、南海、广州之间；（5）锡兰婆罗门船，往返于锡兰、阇婆、林邑、广州之间；（6）唐使船，往返于广州、南海之间。这里的南海专指马来群岛，阇婆即今爪哇岛，林邑指安南海岸。① 六朝以来南海航路的兴盛在隋唐进一步强化，特别是唐代政策的开放、社会的稳定、经济文化的繁荣，使航海贸易迎来了波澜壮阔的大发展时代。武则天时期，海上丝路已经超越西域的陆上丝路，成为中西贸易和交流的主要通道。② 根据《大唐西域高僧求法传》记载，在武则天时期西行求法的约50位僧人中，有39位是沿海路往返的。僧人求法或弘法，通常都是搭乘民间商船而行，因此求法或弘法的路线，往往也反映了商业贸易的情况。

唐代"广州通海夷道"的意义，不仅在于它是当时世界上最长的一条航线，充分体现了唐代航海业的技术和水平，更在于这条远洋航线将东亚、东南亚、南亚、波斯湾、西亚、阿拉伯半岛和东非沿岸的重要海港都紧密联结在一起，对于当时全球经济贸易与文化的交流互动具有特别重要的意义。

这一时期，航行在波斯湾、印度洋、东南亚海域和南中国海一带的，有南海舶、波斯舶、昆仑舶、西域舶、师子国舶、西南夷舶、南藩海舶、蛮舶等。世界贸易大港，如苏门答腊东岸的末罗瑜、室利佛逝（在今苏门答腊岛）的巨港、个罗国（今马来半岛的吉打）的羯荼、狮子国（今斯里兰卡）、没来国

---

① 梁启超：《饮冰室合集》19，中华书局1989年版。
② 刘永连：《唐代中西交通海路超越陆路问题新论》，《陕西师范大学学报》（哲学社会科学版）2013年第1期。

的故临（今印度奎隆）、波斯湾的西拉夫港、大食的巴士拉港和、翁蛮（仅阿曼）的马斯喀特和苏哈尔、埃及的亚历山大港都与广州的贸易紧密联系在一起。我国的商品通过广州港运到这些地区，这些地区的商品也源源不断地运来广州，再销往国内各地。可以说，自7世纪起，国际航运业进入一个新时代，为广州形成国际化营商环境提供了条件。

（四）宋元时期广州国际航线的改进和规模范围的扩大

宋元时期，从广州出发的海船可通达阿拉伯及非洲东海岸（见图4-2）。虽然航程上较唐代的拓展不多，但一路上通航贸易的国家却大为增加，呈现"东西南数千万里，皆得梯航以达其道路"，"虽天际穷发不毛之地，无不可通之理"的鼎盛局面。"凡大食、古逻、阇婆、占城、勃泥、麻逸、三佛齐、宾同胧、沙里亭、丹流眉，并通货易。"其中，比较重要的通商贸易国家有大食、阇婆、三佛齐等。南宋周去非的《岭外代答》中记载，"诸蕃国之富盛多宝货者，如大食国，其次阇婆国，其次三佛齐国，其次乃诸国耳"。大食、阇婆、三佛齐，因其物产丰富，宋元的中国商船前往贸易者络绎不绝。此外，还有故临、兰里，因其位于印度洋上的交通要道，所以也是重要的国际贸易口岸。

宋代，由于造船工艺和航海技术的进步，使得从广州通往海外的国际航线扩展得更远，也使曲折迂回的航路变得较为便捷。首先是中西航线的拓展：从广州出发，经屯门（今香港屯门），经过上下竺（今奥尔岛）和交洋（今暹罗湾、越南东海岸一带），南下至三佛齐国（今印尼苏门答腊岛东部），然后西行至故临国（今印度半岛西南端奎隆），接着沿海岸北行和西行，至大食国（今阿拉伯半岛以东的波斯湾和以西的红海沿岸国家）。这条路线继续向西和西南伸展，就到了北非和东非等地区。"从近几十年非洲东海岸一带考古发掘出的大量宋代瓷器、钱币来看，装载有中国货物和非洲香料的船只，在这一带已经相当频繁地出没了。"①

宋代南海航路另一个重要的变化，是从广州到东南亚诸国的航线更加丰富，可分为到苏门答腊岛的航线、到爪哇岛航线、到加里曼丹岛的航线、到菲律宾群岛南部的航线等。其中某些航线进行了优化，避开一些需要曲折航行才能到达的中转站，取直线航行。其中比较重要的支线有两条：一是阇婆（今印尼中爪哇地区）来华航线。从阇婆港口莆家龙（今北加浪岸）启程，航向"十二子石"（今卡里马塔海峡附近的塞鲁士岛），再到达竺屿（今奥尔岛），与三佛齐航线汇合。这不仅是走了直线，而且巧妙地利用了西南季风时节从爪哇海北上进入南海的

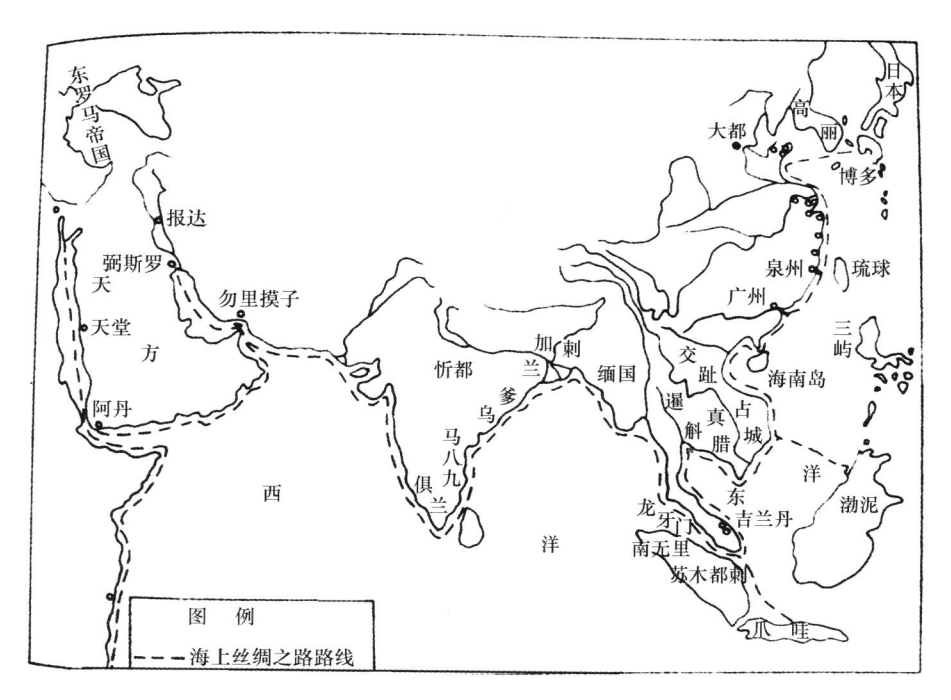

图4-2 元代海上丝绸之路示意图②

---

① 黄启臣：《广东海上丝绸之路史》，广东经济出版社2014年版，第213页。
② 同上书，第279页。

爪哇流；二是渤泥（仅马来西亚婆罗洲）来华航线。渤泥到占城，先向菲律宾方向走一段路（今加里曼丹岛东北角），再斜穿南海，跟着沿中西航线便可到广州。这比此前横渡至马来半岛再北上占城的航线便捷了不少。

元代，统治版图幅员广大，中西交通发达，这时的海上航线已深入东非一带。根据《南海志》《真腊风土记》《岛夷志略》《异域志》等元代史书的记载，从广州通往世界各国的主要航线主要有以下几条：（1）广州至占城航线；（2）广州至交趾航线；（3）广州至暹罗航线；（4）广州至三佛齐航线；（5）广州至加里曼丹航线；（6）广州至印度半岛航线；（7）广州至波斯湾航线；（8）广州至东非（埃及、索马里、坦桑尼亚）与西欧（摩洛哥、西班牙、拜占庭帝国）航线。总之，这时期广州海外交通有很大发展，与广州交通贸易的国家东起菲律宾，西至西班牙、摩洛哥，南达帝汶岛，不仅囊括了传统的东南亚、南亚，也涵盖了西亚、东北非和南欧的部分国家。元大德的《南海志》所记载的与广州有贸易关系的国家有140多个，规模和盛况都超越了唐宋时期。

（五）明清广州国际贸易航线的拓展及太平洋航路的开辟

明代后期广州对外航路变化，主要是欧洲、美洲航线的拓展，改变了传统的印度洋航路格局，扩展了中外商贸交流的范围和对象，为清代的海上贸易路线奠定了基础。特别是明代后期广州以澳门为外港开展对外贸易，构筑了当时世界上最大和最重要的东西方贸易网络。隆庆四年（1570年），葡人每年向明朝交纳500两地租银，获得在澳门的居留权和贸易权。葡人占据澳门之后，建立了沟通四大洲（亚洲、非洲、欧洲、美洲）和三大洋（大西洋、印度洋、太平洋）的四条国际贸易航线，分别为：（1）广州——澳门——果阿——里斯本航线；（2）广州——澳门——日本长崎航线；（3）广州——澳门——马尼拉——拉丁美洲［墨西哥西海岸的阿卡普尔科（Acapulco）、秘鲁的利马（Lima）港]航线；（4）广州——澳门——望加锡——帝汶航线。

澳门的三大对外贸易航线中，第一条航线为葡萄牙商人把持，是他们经营的所有贸易航线中最赚钱的一条。第三条航线是16—17世纪世界上最长的大三角贸易航线，主要是西班牙商人把持，他们从广州进口丝绸、瓷器、棉纱、棉布等货物，再由马尼拉大帆船运到墨西哥和秘鲁；由于这条航线以中国的丝货贸易为主，所以被称为太平洋上的"丝绸之路"；又由于行驶于这条航线的多是西班牙的"大帆船"，所以也被称为太平洋丝路上的"大帆船贸易"（见图4-3）。

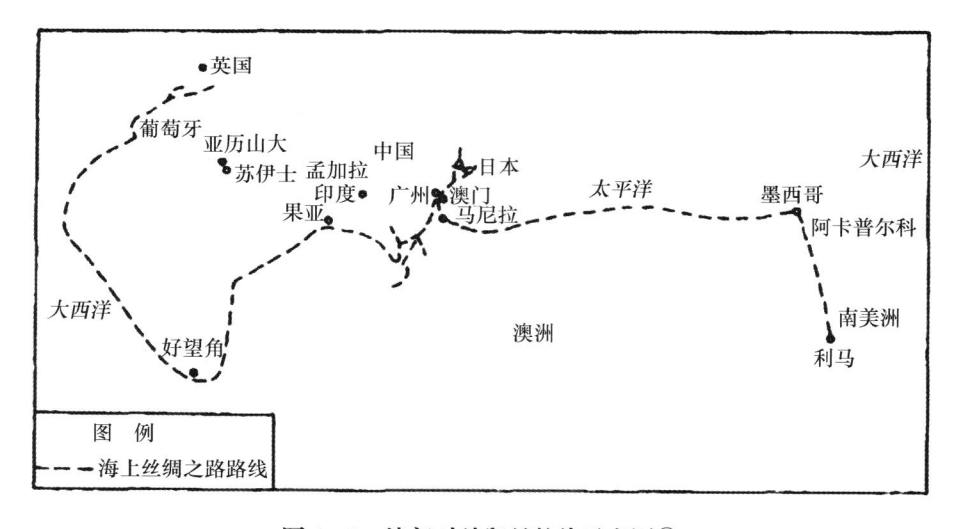

图4-3 澳门对外贸易航线示意图[①]

清代广州"一口通商"时期，主要的贸易对象已经转向英、美、法等西方资本主义国家，这一时期国际航线的开拓，在传统的印度洋航路以及明代后期开辟的欧洲、南美航线之外，又开辟了北美洲航线、大洋洲航线等。

---

① 黄启臣：《广东海上丝绸之路史》，广东经济出版社2014年版，第314页。

清代广州至欧洲的贸易航线大致有三条（见图4-4）：第一条是从广州起航，经澳门出海，西行横过印度西海岸的果阿，经印度洋的官屿留，西航木骨都束和莫桑比克海峡，绕好望角，沿大西洋非洲海岸北航到摩洛哥，抵达里斯本。第二条是离果阿后，从克亚丁渡海，绕葛得儿风（今亚丁海东南面索马里得瓜达富伊角），和哈甫泥（今索马里东岸得哈丰角），沿东非海岸下木骨都束、不刺加（今索马里东岸布腊瓦）、麻林地（今肯尼亚东岸的马林迪）和慢八撒（今肯尼亚南岸的蒙巴萨），南至坦桑尼亚、莫桑比克海岸到南非，绕过好望角，沿大西洋非洲海岸北行到摩洛哥巴特港，抵达里斯本，转至欧洲各国。第三条是从广州起航后，经南海到巴达维亚（今雅加达）直横渡印度洋到好望角，然后沿大西洋非洲沿岸北上欧洲。

19世纪是世界海洋经济大发展时期，西方国家大力拓展海外贸易，广州至北美航线正是这一时期美国为满足自身海外贸易需求开辟的贸易航线。1784年，美国商人开辟北美洲至中国的航线：纽约——太平洋——好望角——巽他海峡——广州，美国第一艘来华商船"中国皇后"号即是沿这一航线到达广州港的。1789年，为满足"北皮南运"的需要，美国商人又开辟了美国至广州的太平洋航线，即从纽约港起航，沿南美海岸最南端的和恩角，取道太平洋直达广州。由于航线迂回而且受季风影响，完成这条航线的循环三角贸易需历时至少三年。但由于利润丰厚，北美航线的利用率很高，从1784年至1841年，美国来华商船的数量仅次于英国，居第二位。

1819年，满载茶叶的"哈斯丁侯爵"号从广州驶向新南威尔士的杰克逊港，标志着广州至大洋洲贸易航线的开端。1830年，"奥斯丁"号也满载着中国茶叶、生丝等从广州驶向贺巴特城（Hobart Town）和悉尼。广州至大洋洲航线虽然规模不大，但也代表了清代广州对外远洋贸易航线拓展的一个新的方向。

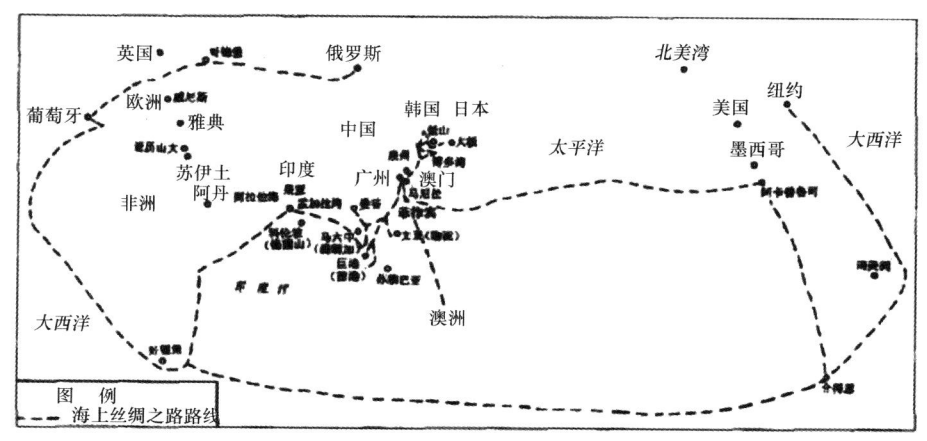

图 4-4　清代广州对外贸易航线①

总的来说，清代广州对外贸易空前繁荣，因此清代广州通往世界各地的航线可连接欧洲、美洲、东亚、东南亚、南亚、中亚和大洋洲等国家和地区，无疑是当时全球经济贸易体系中的一个重要枢纽。1850年广州在世界城市经济十强中名列第四，充分证明了广州国际航运枢纽的地位，客观上提升了整个城市的经济实力。

二　国际商人：多元、开放、包容的社会文化环境

广州在历史上曾经是高度国际化的商业城市。远洋航线的开辟和拓展，将广州与世界各地紧密联系在一起；商贸活动的繁荣，也带来大量外来人口的涌入和外来文化的交融。两千多年来几乎未曾间断地对外开放，造就广州特有的海纳百川、开放包容的社会文化环境。这也是现代城市吸引全球高端资源要素流动的竞争手段之一。

---

① 黄启臣：《广东海上丝绸之路史》，广东经济出版社2014年版，第415页。

（一）历史上广州对外通商的国家数量众多

两晋南北朝时期，由于东西方远洋航线的开辟，海外诸国商船可直接抵达广州。当时与广州有海外交通和贸易的国家有15个：大秦（东西罗马帝国）、波斯（今伊朗）、天竺（今印度）、林邑（今越南南方）、扶南（今柬埔寨）、师子国（今斯里兰卡）、盘盘（在马来半岛）、丹丹（在马来半岛）、盘皇（在马来半岛）、狼牙修（在马来半岛）、干陀利（在苏门答腊岛）、呵罗单（在爪哇岛）、阇婆婆达（在爪哇岛）、诃罗陀（待考）、婆利（今巴厘岛）。据统计，东汉至三国时期，前来中国朝贡的只有5个国家，共11次，而到了两晋南北朝时期，却骤增到15国，107次。[①] 可见广州新航路的开辟，扩大了广州的对外贸易规模。

（二）唐宋时期阿拉伯人为主要通商对象

唐代的广州港是全国第一大贸易港。世界各地的商人通过海道前来广州进行贸易，如真腊、林邑、堕和罗（今泰国湄南河下游地区）、哥罗舍分（在泰国境内）、修罗分（在泰国境内）、盘盘、陀桓（今缅甸东南部）、骠国（今缅甸）、弥臣（骠国的附属国）、罗越（在今马来半岛南部）、单单（今马来半岛吉兰丹一带）、多摩长（在马来半岛）、婆利国（今印度尼西亚巴厘岛）、室利佛逝（今印度尼西亚苏门答腊）、堕婆登（马来半岛）、末罗瑜（在苏门答腊岛）、甘毕（在苏门答腊岛）、诃陵（爪哇）、婆罗（今加里曼丹岛）、师子国（今斯里兰卡）、天竺（印度）、波斯（今伊朗）、大食（今阿拉伯国家）、拂菻（即东罗马帝国）等国的商人。7世纪初，地跨欧、亚、非三洲的阿拉伯帝国是唐代中国海外贸易的主要

[①] 邓端本、章深：《广州外贸史》上册，广东高等教育出版社1996年版，第27—29页。

伙伴。桑原骘藏的《唐宋贸易港研究》认为,"在西历九世纪之中叶,广东之外国贸易,尤为繁盛。约有几万之阿剌伯商人,不绝来往于广东"①。《中国印度见闻录》也记载,回历264年(即唐乾符四至五年,877—878年)黄巢攻陷广州,"寄居城中经商的伊斯兰教徒、犹太教徒、基督教徒、拜火教徒,就总共有十二万人被他杀害了。这四种宗教徒的死亡人数所以能知道得这样确凿,那是因为中国人按他们的人(头)数课税的缘故"②。唐代广州外商众多,与唐代开放的国策有很大关系。一方面唐代对蕃商的态度是开放和怀柔为主,任其"列肆而市,交通夷夏";另一方面唐代广州的海外贸易除了官方贸易,更多的是以"往来通流,自为交易"的民间贸易为主体。

宋元时期,古阿拉伯帝国已经分裂成许多小国,其时的大食是对阿拉伯诸国的统称。《岭外代答》说,"诸蕃国之富盛多宝货者,莫如大食国";又说"大食者,诸国之总名也。有国千余,所知名者,特数国耳"。③《诸蕃志》也说,"其国雄壮,其地广袤,民俗侈用,甲于诸蕃"。由此可知,宋元的南海贸易诸国中,大食依然是实力最强盛的一个。"占城、大食之民,岁航海而来贾于中国者多矣。"④ 广州往来贸易的外国商人,仍以大食人为主。此外,按宋人庞文英《文昌杂录》的记载,三佛齐、交趾、渤泥、拂菻、大秦注辇、真腊、大食、占城、阇婆、丹流眉、陀罗离、层檀、俞卢和、勿拔等东南亚、南亚甚至波斯湾的国家,其官方的朝贡都要从广州出入。因此,广州在宋元时期的对外通商贸易都表现出更为突出的开放和多元化的特征。

---

① [日]桑原骘藏:《唐宋贸易港研究》,山西人民出版社2015年版,第38页。
② 《中国印度见闻录》,穆根来等译,中华书局1983年版,第96页。
③ 周去非:《岭外代答》卷3。
④ 王禹偁:《小畜集》卷14,《纪孝》,吉林出版集团2005年版。

（三）明清以来欧美国家改变世界贸易格局

16世纪航海大发现之后，欧美殖民主义者继阿拉伯人之后控制了东西方海上霸权，因此广州的主要贸易对象也有所变化，先后而来的有葡萄牙人、西班牙人、荷兰人、英国人、美国人、法国人、意大利人等。明代后期葡萄牙人占据澳门，每年运走五万三千箱丝织品，各重十二盎司的金条三千二百个，七担麝香、珍珠、砂糖、陶器。[①] 1614年，荷兰商人用一艘名叫"克尔德兰号"的商船从广州购买了69057件碗、碟、杯、盘等瓷器。[②] 1637年，英国商人从广州一次性买入广东白糖1150担。[③] 清代"一口通商"时期，欧美资本主义国家代替了传统的东南亚以及印度洋航路上的诸国，成为广州对外贸易的主要对象。《早期澳门史》记载，"葡萄牙、西班牙、法国、荷兰、瑞典、丹麦、英国和美国，都参与了广州的贸易"[④]。在欧美诸国中，英国是最主要的对华贸易国。据马士的《东印度公司对华贸易编年史》记载，乾隆十四年（1749年）至道光十三年（1833年）的150年间，仅英国东印度公司的来华商船就有1542艘。[⑤] 特别是1784年以后英国降低茶叶税以后，对华贸易增长迅速，约占西方各国对华贸易进口总值的80%以上，出口总值的70%左右。[⑥] 美国的对华贸易仅次于英国。尽

[①] 苏萨：《葡萄牙的亚洲》第2卷，第454页；转引自百濑弘《明代的中国对外贸易》，《东亚》第8卷第7期。

[②] 蒋祖缘：《明代广州的商业中心地位与东南一大都会的形成》，《中国社会经济史研究》1990年第4期。

[③] 同上。

[④] 龙思泰：《早期澳门史》，东方出版社1997年版，第305页。

[⑤] [美]马士（H. B. Morse）：《东印度公司对华贸易编年史》第1、2卷，中山大学出版社1991年版，第309—321、741—755页；第3卷，第387—402页；《东印度公司对华贸易编年史》第4、5卷，中山大学出版社1991年版，第384—400、628—632页。

[⑥] 严中平：《中国近代经济史统计资料选辑》，科学出版社1955年版，第4—5页。

管美国的第一艘商船"中国皇后号"在乾隆四十九年（1784年）才来到广州，但贸易增长迅速，自1784年至1841年，美国来华商船总计为1271艘。① 英美两国基本垄断了西方国家的对华贸易。

（四）华侨商人强化广州与南洋诸国的贸易联系

明朝长期以来推行海禁政策，不准私人海外贸易。为了谋生的私商只能拓展海外市场。经年累月，他们主要在东南亚诸国建立了商业基地，在当地侨居并对当地的经济贸易发挥重要影响。例如暹罗、柬埔寨和三佛齐国的对外贸易基本为华侨把持。这些华侨商人既以贡舶贸易的形式持续与广州有贸易往来，也以走私的方式维系着广州和东南亚诸国的商业网络。

（五）"住唐"现象体现广州宜居宜业的国际化环境

唐宋以来随着航海贸易的兴盛，大批外国商人前来广州贸易。他们有些先在广州稍作停留即北上经商，有的在广州定居做生意，置田买屋，与本地人杂居一处，乃至通婚，于是广州出现"云山百越路，市井十洲人"的盛况。外国商人携妻带子者长期居留广州，《萍州可谈》称其为"住唐"。《续资治通鉴》记载，熙宁五年（1072年），广州城外蕃汉杂居已有数万家之多。这些外侨被称作"番客"，其居住区被称作"番坊"，设立的学校被称作"蕃学"。广州的光孝寺、六榕寺、怀圣寺等名胜古迹是佛教、伊斯兰教等外来宗教文化的遗存，历史上景教、祆教、摩尼教、婆罗门教等宗教流派也在广州留下了踪迹。历史记载和考古、建筑遗存等都充分证明了广州历史上是一个高度国际化的商业城市，对外来文化的兼容并蓄、开放包容是广州两千多年来稳定传承的城市特质。

---

① 姚贤镐：《中国近代对外贸易史资料》，中华书局1962年版，第287—288页。

三　市场网络：内外通达的商贸环境和资源配置能力

历史上广州是全球经济贸易网络的枢纽节点，从广州出发的印度洋航线可通达亚、非、欧三大洲，19世纪后的太平洋航线直抵美洲。广州是中国向世界开放的主要海上门户，通过三江水系与长江流域、黄河流域相连接。对外，广州参与的是世界市场网络的商业流通和贸易循环；对内，广州的商业和贸易依托的是举国的经济实力。来自世界各地的进口商品和来自全国各地的出口商品都在广州集散，广州的商贸市场繁荣延续千年而不衰，由此衍生的商贸文化、商业精神、市场理念至今仍然影响广州的经济和社会发展。

（一）广州是最早以舶来品闻名的商业都会

番禺（广州）是《史记》和《后汉书·地理志》中记载的全国九大商业都会之一，也是唯一以舶来品贸易为主的商业都会。主要经济特点是"珠玑、犀、玳瑁、果、布之凑"。在古代中国"重农抑商"的大背景下，广州由于天时地利最早出现的却是商业萌芽，而且商业与贸易作为广州城市发展的核心驱动力，持续稳定地延续了千年，奠定了广州城市发展的基调和本底。

汉代，最早从番禺（广州）贸易市场进口的舶来品主要有珠饰、犀角、象齿、玳瑁、璧琉璃、琉璃、珊瑚、琥珀、玛瑙、水晶、香料等，与之有关的还有陶熏炉和陶灯俑。[1] 两晋南北朝时期，经番禺（广州）进口的商品"通犀翠羽之珍，蛇珠火布之异，千名万品，并世主之所虚心，故舟舶继路，商使交属"[2]，具

---

[1] 黄启臣：《广东海上丝绸之路史》，广东经济出版社2003年版，第41页。
[2] 《宋书》卷97，《夷蛮传》。

体来说有珍珠、犀角、象牙、璧琉离、珊瑚、琥珀、水晶、金、银、吉贝、沉香、郁金、苏合、兜銮等，相比秦汉时期增加了香药（沉香、郁金、苏合等）、吉贝（棉织布）等用途更为广泛的货品。广州舶来品贸易的市场规模随着国际航线的拓展、主要贸易国的增加、消费需求的增长等不断扩大（见表4-1）。

表4-1　　　广州汉墓出土部分与舶来品有关的器物统计①

器类和时期	南越国182墓	西汉时期64墓	西汉后期32墓	东汉前期41墓	东汉后期90墓
陶熏炉	16/15 8.2%	7/7 11%	14/13 41%	21/21 51%	42/41 46%
陶灯俑	无无	1/1 1/6%	6/5 15.6%	2、2 4.9%	7/7 7.8%
珠饰	3/3 1.6%；1	144/12 19%；12	2849/19 59%；150	3502/16 39%；219	多已被盗，无法统计

（二）唐代"广州通海夷道"推动商贸业和市场繁荣

唐代的广州"地当要会，俗号殷繁，交易之徒，素所奔凑"②，具有在全国首屈一指的外贸港口和商业都会地位。一方面，内地商人在江淮、两京购买各地商品，运销广州，又购回洋货，销往内地，形成大规模的货流循环；另一方面，数十万海外商人经"广州通海夷道"前来广州贸易，在他们的居住地和贸易区——番坊，形成广州有史以来的国际性大市场。各种海外舶来品与中国本土的丝绸、陶瓷、漆器等百货杂陈市肆，琳琅满目，不同外国商人操持各自语言往来买卖，人声鼎沸，使广州呈现出东方大港的气派，执全国"海港之牛耳"。许多外国商人不仅来广州贸易，而且往往把广州作为进入中国内地进行贸易活动的基地。

---

① 黄启臣：《广东海上丝绸之路史》，广东经济出版社2014年版，第41页。
② 陆贽：《陆宣公奏议》卷3，《论岭南请于安南置市舶中使状》，商务印书馆1912年版。

第四章　广州国际化营商环境的历史成因

唐代进口商品仍以珍异品为主要，从"珍货辐辏"①"环宝山积"②"外国之货日至，珠香象犀玳瑁奇物溢于中国，不可胜用"③"蕃国岁来互市，奇珠、玳瑁、异香、文犀皆浮海舶以来"④等描述中都能得到证实。同时，由于唐代广州海外贸易的规模扩大，所以从世界各地经广州进口的货物种类更趋丰富。既有从拂菻进口的水银、金刚石、玻璃、郁金香、迷迭香、肉豆蔻，从大食进口的玛瑙、火油、鸦片、珊瑚、象牙、龙涎香、大食刀，从波斯进口的无哈国、耶悉茗、没药、波斯枣、乌木，从印度进口的胡椒、白豆蔻、沉香、沙糖、宝石，也有从东南亚进口的象牙、犀牛角、龙脑香、硫黄、丁香、槟榔。⑤正如《中国印度见闻录》所言："广府是船舶的商埠，是阿拉伯货物和中国货物的集散地。"⑥

唐代广州出口的商品，以瓷器为大宗。唐代制瓷技术已经发展到相当高的水平，当时北起河北、陕西，南至广东、福建、江西，遍地都有瓷窑。南方瓷器以越州青瓷为代表，北方瓷器以邢州白瓷为代表。唐代制瓷业技术高超，瓷器精美，因此中国瓷器沿着海上丝绸之路，远销东南亚、印度、阿拉伯、东非等地区等国家。《中国印度见闻录》说，"（中国）他们拥有黄金、白银、珍珠、锦缎和丝绸，尽管这一切极为丰富，但仅仅是商品，而铜钱则是货币。人民给他们贩来象牙、香料、铜锭、海贝以及前面提到的犀牛，他们用犀角制造腰带。这里有许许多多驮兽，但没有阿拉伯马，而是别种的马，毛驴和双峰骆驼

---

① 《旧唐书·卢钧传》。
② 同上。
③ 《全唐文》卷556，韩愈《送郑尚书序》。
④ 《全唐文》卷639，李翱《唐故金紫光禄大夫检校礼部尚书使持节都督广州诸军事兼广州刺史兼御史大夫充岭南节度营田观察制置本管经略等使东海郡开国公食邑二千户徐公行状》。
⑤ 邓端本、章深：《广州外贸史》上册，广东高等教育出版社1996年版，第56—57页。
⑥ 《中国印度见闻录》，穆根来等译，中华书局1983年版，第7页。

很多，他们有精美的陶器，其中陶碗晶莹得如同玻璃杯一样，尽管是陶碗，但隔着碗可以看得见碗里的水"①。考古发现也证实了唐代瓷器已经外销东南亚、印度、阿拉伯、东非等地，"在遥远的埃及和东非海岸的各个都市以及美索不达米亚、伊朗和巴基斯坦等国家的遗迹中，都已经发现了古代九至十世纪的越州窑瓷系青瓷和白地褐釉的长沙窑瓷"；在埃及开罗南郊的福斯塔特，发现了"唐代的唐三彩、邢州白瓷、越州窑瓷、黄褐釉瓷和长沙窑瓷，其中特别多的是越州窑瓷"；"根据在也门的犹太商人的记录，从印度运往阿伊扎布（港）的商品，首先就是中国瓷器"；在波斯湾沿岸伊朗的谢里·达吉亚努斯，出土了"九至十世纪的越州窑系陶瓷，另外还有可能是十世纪烧制的青瓷和青白瓷等"；伊朗的内沙达尔出土了唐代邢州白瓷壶、长沙窑壶、晚唐越州窑深形大碗等的残余碎片；在巴基斯坦的旁浦尔港遗迹，发现了晚唐的越州窑瓷水注以及长沙窑的大碗破片，"在产地中国，长沙窑是很不受重视的一种陶瓷，但在中国以外的印度尼西亚以及遥远的埃及和伊朗却发现了它们。现在从旁浦尔又发现了这种陶瓷的出土，这就说明，在九世纪时代，有一条把印度尼西亚和伊朗相连接的陶瓷之路……由此不难推测，长沙窑的颜色和图案之所以和一般的中国陶瓷不同，正是因为它是用来外销的商品"。②唐代陶瓷外销，中晚唐时期（9世纪）比较明显，主要产品是湖南长沙瓦渣坪窑和浙江的越窑，外销数量颇大。其次是邢窑白瓷。著名的盛唐三彩也见出口，但数量较少。外销地域东到韩国、日本，南到中南半岛、印尼、菲律宾、越过马六甲海峡到斯里兰卡、巴基斯坦、伊朗、波斯湾、两河流域，最远到达非洲的埃及。③

---

① 《中国印度见闻录》，穆根来等译，中华书局1983年版，第15页。
② ［日］三上次男：《陶瓷之路：东西文明接触点的探索》，天津人民出版社1983年版，第23、31、146、157、192、193、204页。
③ 陈信雄：《贸易陶瓷的源起与发展》，台湾《历史月刊》1992年第53期。

(三) 宋元时期广州商贸市场规模进一步拓展

宋元时期是中国航海贸易的鼎盛时代。广州作为主要的对外贸易港，进出口贸易较前代规模进一步扩大，商贸市场持续保持繁荣。两宋时期，广州是最主要的对外贸易港；元代尽管有泉州后来居上，但广州仍然是一个"宝货丛聚"的贸易大港。因此，宋元时期海上丝绸之路的进出口商品大部分都可经广州出入。

宋代进口商品主要是"香药、犀象、珊瑚、琥珀、珠琲、镔铁、鼊皮、玳瑁、玛瑙、车渠、水精、蕃布、乌樠、苏木等物"。按《宋史》的记载，"四年，置市舶司于广州，后又于杭、明州置司。凡大食、古逻、阇婆、占城、勃泥、麻逸、三佛齐诸蕃并通货易，以金银、缗钱、铅锡、杂色帛、瓷器，市香药、犀象、珊瑚、琥珀、珠琲、镔铁、鼊皮、玳瑁、玛瑙、车渠、水精、蕃布、乌樠、苏木等物"①。《宋会要辑稿》亦有类似记载。② 根据对《宋会要辑稿》职官四四之一八、一九、二一、二二、二三记载的货品名称进行统计，宋代从海外进口的货物应在四百一十种以上。

元代的进口商品，根据对元大德《南海志》和《宝庆四明志》的记录统计，也在二百五十种以上。③ 这些进口商品主要有三大类：一是香料，多是从东南亚国家和大食诸国输入；二是高级奢侈品，如象牙、犀角、珍珠、玻璃等，除了从印度、大食诸国输入，东非和欧洲国家也有输入；三是纺织品，如棉布、驼毛段等，多从印度、大食等国输入。元大德的《南海志》记载，广州港进口的舶货分为八类：(1) 宝物：象牙，犀角，鹤顶，真珠，珊瑚，碧甸子，翠毛，龟筒，玳瑁；(2) 布疋：白

---

① 《宋史》卷186。
② 《宋会要辑稿》，《职官》44。
③ 陈高华、吴泰：《宋元时期的海外贸易》，天津人民出版社1981年版，第47页。

番布，花番布，草布，剪绒单，剪毛单；（3）香货：沉香，速香，黄熟香，打拍香，暗八香，占城，麓熟，乌香，奇楠木，降香，檀香，戎香，蔷薇水，乳香，金颜香；（4）药物：脑子，阿魏，没药，胡椒，丁香，肉豆蔻，白豆蔻，豆蔻花，乌爹泥，茴香，硫黄，血竭，木香，荜拨，木兰皮，番白芷，雄黄，苏合油，荜澄茄；（5）诸木：苏木，射木，乌木，红柴；（6）皮货：沙鱼皮，皮席，皮枕头，七鳞皮；（7）牛蹄角：白牛蹄，白牛角；（8）杂物：黄蜡，风油子，紫梗，磨末，草珠，花白纸，藤席，藤棒，蚍子，孔雀毛，大青，鹦鹉螺壳，巴淡子。

宋元时期广州的进口商品，与前代最大的不同，是香药代替宝货成为进口货物最大宗。《诸蕃志》记载，"番商贸易至，舶司视香之多少为殿最"。在北宋太平兴国七年（982年）下达的诏令中，规定了舶来品中可自由流通的香药就有三十七种。[①]宋熙宁十年（1077年），由广州进口的乳香，约占全国进口乳香的98%，其他如没药、芦荟、无名异、葫芦巴等名目繁多的药材更是不胜枚举，时有"广药""海药"之称。戴埴《鼠璞》云："广通舶出香药。"《续资治通鉴长编》也记载，"广州，外国香货及海南客旅所在"[②]。《图经》记载，"木香生永昌山谷。今惟广州舶上有来者，他无所出"。《岭南代答》说，"中州但用广州舶上蕃香耳"[③]。众多史料记载可证宋代广州进口香药的地位重要、影响力大。

宋元时期从广州输出的国内商品主要有五大类：一是丝织品类，此类为传统的大宗出口商品；二是瓷器和陶器类，几乎与中国通商的国家都会进口中国的瓷器；三是金属和金属制品，如铁条、铁块、铁锅、金银器皿等；四是农产品和副食品，如米、酒、盐、茶、糖等；五是日常生活用品，如伞、磨、帘子

---

① 《宋会要辑稿》，《职官》44。
② 《续资治通鉴长编》卷310。
③ 周去非：《岭外代答》卷7。

等。其中，瓷器是最大宗的出口商品，几乎与中国通商的国家都会进口中国的瓷器。伊本·白图泰（Ibn Batuteh）在其游记中称广州是"世界大城中之一也。市场优美，为世界各大城所不能及，其间最大者，莫过于陶器场，由此，商人转运磁器（瓷器）至中国各省及印度、也门"①。《岛夷志略》记载的瓷器出口的国家和地区就有 50 多个，主要分布于今越南、柬埔寨、泰国、缅甸、孟加拉国、斯里兰卡、菲律宾、马来西亚、新加坡、印度尼西亚、印度、伊朗、沙特阿拉伯、埃及等地。在西沙群岛、东南亚各国以及阿曼发现的中国古瓷器中，有不少是广州西村窑出产的瓷器，西村窑瓷器在国内发现的很少，或也可证明宋代广州制瓷业同样是受外贸影响，以外销为主。

由于对外贸易的兴盛，宋元时期广州的商业市场，呈现出不亚于唐宋时代的繁荣景象。元末明初的广东诗人孙蕡有诗为证："峗峨大舶映云日，贾客千家万家室。春风列屋艳神仙，夜月满江闻管弦。良辰吉日天气好，翡翠明珠照烟岛。"②

（四）明清垄断贸易形成"外洋商贩，悉聚于广州一口"的市场网络

明清尽管都曾实行过海禁政策，但广州始终保持了开放的姿态。在明清很长一段时期内，广州都曾经具有"一口通商"的垄断性质。明后期澳门的崛起虽然一定程度上取代了广州的直接对外贸易，但广州始终都是国内外商品的主要集散地。这不仅显示了广州港的优越贸易条件，而且保护了广州已有的商业资本、商业组织、商业网络以及进出口商品的生产与购销渠道，广州国际市场的地位未曾中断。

---

① 张星烺：《中西交通史料汇编》第 2 册，中华书局 1977 年版，第 79 页。
② 邓端本、章深：《广州外贸史》上册，广东高等教育出版社 1996 年版，第 181—184 页。

1. 明代广州的进出口贸易

明代实行朝贡贸易制度,广州是三大市舶司之一,"专为占城、暹罗诸番而设"。正德以后,朝贡贸易衰微,广东实行抽分制,将贸易对象扩大到所有番舶。宁波、泉州两大市舶司在明代只能通日本和琉球,而且屡经裁撤,嘉靖之后基本闲置。因此,明代的朝贡贸易,要以广州占最大比重。《明会典》收录朝贡贸易的进口商品一百五十多种,主要可分为香料、药材、宝货、珍禽异兽、兵器、手工制品等,大部分都是经广东贡道进入中国的海外舶来品。

明代中叶以后,广州贸易很大程度上是通过澳门的东西方贸易网络进行的。从世界各地经澳门进入中国的货物,早期主要有胡椒、苏木、棉花、象牙、檀香等。龙思泰的《早期澳门史》记载,"他们(葡萄牙人)从欧洲带来毛织品,从印度运来琥珀、珊瑚、象牙、檀香、银子、香料,等等,但最大宗的是胡椒"[1]。张臻陶的《澳门形势论》记载,"澳夷并非输其本国土货而败鬻于中土,不过以澳门为居赁之地,以暹罗、苏禄、交趾、吕宋为行货之地耳。今考其输税绝无大西洋土物,全以鼻烟无用。今亦累岁不来,惟是锡、蜡、胡椒、槟榔、檀木之类,皆由外番各国贩运而来,又得中土之细茶、茯苓、湖丝、糖果之物,贩往各番"[2]。早期葡萄牙人在澳门开展的中外贸易,主要是通过转运贸易将南亚、东南亚的货物运往澳门以换取中国的货物。但是后来葡人发现,一方面,"由于中国不关心欧洲的大宗产品,所以只能用金银块和金银币购买中国产品"[3];另一方面,"银在东方的购买力,远较在欧洲为大"[4]。因此,葡

---

[1] 龙思泰:《早期澳门史》,东方出版社1997年版,第100页。
[2] 张臻陶:《澳门形势论》,《小方壶斋舆地丛钞》第9帙。
[3] Tien-tse Chang, *Sino-Portuguese Trade from 1514—1644: A Synthesis of Portuguese and Chinese Sources*, New York: AMS Press, 1973, p.32.
[4] 全汉升:《明代中叶后澳门的海外贸易》第5卷,《香港中文大学中国文化研究所学报》1972年第1期。

人在澳门经营的三条航线主要都是以进口白银为主。"在早期的中葡贸易中，胡椒和象牙都是输入广州的价值最大的商品；但当澳门果亚间的贸易开展以后，银便成为自果亚运往澳门的最重要的物品，取胡椒和象牙的地位而代之。"① 周玄暐的《泾林续记》记载，"广属香山为海舶出入咽喉，每一舶至，常持万金，并海外珍奇诸物，多有至数万者"。在16—18世纪，西属美洲（西班牙殖民地）的墨西哥和秘鲁是最重要的白银产地，约占全球总产量的80%以上。西属美洲的白银经由三条路径运到中国，以重要性排列分别为：西属美洲——马尼拉——中国（1570年以后）；西属美洲——西班牙——葡萄牙——中国（1570年以后）；西属美洲——西班牙——荷兰、英国——中国（17世纪初以后）。② 澳门经马尼拉至墨西哥的航线和澳门经果阿至里斯本的航线，都在前两条路径的国际贸易大循环之中。据统计，万历二十四年（1596年）至崇祯七年（1634年），马尼拉运入澳门的白银二千零二十五万西元，占这期间从墨西哥输入马尼拉白银二千六百四十四万八千零一十一西元的76.5%。③ 白银的另一个重要产地是日本，约占全球总产量的15%。经济史专家全汉升估计，在1599—1637年，葡萄牙从日本长崎共运出5800万两白银，这些银子多经澳门流入中国。④

明代朝贡贸易时期的出口商品主要是明朝对朝贡国家的"赏赉"品，包括丝绸、瓷器、铁器、棉布、铜钱、麝香、书籍等。其中尤以生丝、丝绸、棉布为最大量。⑤ 明代中叶以后，广

---

① C. R. Boxer, *The Great Ship from Amacon: Annals of Macao and the Old Japan Trade, 1555—1640*, Lisboa, Centro de Estudos Historicos Ularamarinos, 1959, p. 7.

② W. S. Atwell, "International Bullion Flow and the Chinese Economy circa 1530—1650", *Past and Present*, No. 95, 1982, pp. 68 – 95.

③ 王士鹤：《明代后期中国—马尼拉—墨西哥贸易的发展》，《地理集刊》1964年第7期。

④ 全汉升：《明中叶后的中日丝银贸易》，《"中研院"历史语言研究所集刊》1973年第55本第4分。

⑤ 黄启臣：《广东海上丝绸之路史》，广东经济出版社2014年版，第338页。

州经澳门出口的商品都是中国著名特产,据不完全统计,全国有二百三十六种之多,包括手工业品、农副产品、矿产品、动物和肉制品、干鲜果品、中草药品和文化用品等八大类,其中手工业品共一百二十七种,占总数一半以上。①

在澳门——印度果阿——里斯本航线上,龙思泰《早期澳门史》说,"《葡属亚洲》一书断言,他们每年的出口达5300箱精制丝绸,每箱包括100匹丝绸、锦缎和150匹较轻的织物,(卫匡国在他的《中国新地图集》中说有1300箱),2200或2500锭黄金,每锭重10两,还有800磅麝香,此外还有珍珠、宝石、糖、瓷器和各种小件物品"②。在 C. R. Boxer《*The Great Ship from Amacon*：*Annals of Macao and the Old Japan Trade 155—1640*》一书中,也记载了万历二十八年(1600年)的一条从澳门往印度、欧洲的葡萄牙商船装载的中国货物,主要有生丝、丝线、绸缎、金、黄铜、麝香、水银、朱砂、糖、茯苓、黄铜手镯、樟脑、瓷器、床、桌、被单、帷帐等。中国出口的商品以生丝为最大宗、最受欢迎也最赢利。所谓"从中国运来各种丝货,以白色最受欢迎,其白如雪,欧洲没有一种出品能够比得上中国的生丝"③。据统计,仅万历八年(1580年)至万历十八年(1590年)的10年间,自澳门运往果阿的生丝每年有3000多担,按照澳门每担售价80两、印度每担售价200两的比率,盈利达36万两;崇祯八年(1635年)这个数字增加到6000担,盈利达72万两④(见表4-2)。

---

① 黄启臣:《广东海上丝绸之路史》,广东经济出版社2014年版,第338页。
② 龙思泰:《早期澳门史》,东方出版社1997年版,第100页。
③ [美]菲律乔治:《西班牙与漳州之初期通商》,《南洋问题资料译丛》1957年第4期。
④ C. R. Boxer, *The Great Ship from Amacon*：*Annals of Macao and the Old Japan Trade*, *1555—1640*, Lisboa, Centro de Estudos Historicos Ularamarinos, 1959, pp. 6, 77.

表 4-2　　　　葡船自澳门运往印度果阿的货物列表（1600 年）①

货名	数量	利润为投资的百分比（%）	附记
白丝	1000 担		澳门每担售价 80 两；印度每担售价约 200 两
各种颜色细丝	大量		各种每斤售价 1.8、1.9—2 两
各种颜色的绸缎	10000—12000 匹		每匹长 5 码，广州售价为 4—7 两，因货色而异
金	3—4 担	80—90	
黄铜	500—600 担	100	
麝香	6—7 担	150	
水银	100 担	70—80	
朱砂	500 担（或桶）	70—80	
糖	200—300 担	100—150	
茯苓	2000 担	100—200	
黄铜手镯	2000 担	100	
樟脑	约 200 担		
各种瓷器	大量	100—200	
涂金色的床、桌	大量		其中有些床每张在印度售价 300—400 两
墨、砚、盒			
手工制被单、帷帐	大量		
金链及其他货物			

在 1570—1600 年，葡萄牙人所经营的澳门至长崎航线几乎垄断了中日贸易。从澳门运往日本长崎的中国商品，"包括有白丝、各种颜色的丝线、各种颜色的 darca（此字意义不详）丝、各种绸缎、棉线、各种颜色的棉布、麝香、金、白铅粉、铅、锡、水银、陶器、茯苓、大黄、甘草、白糖及黑糖"②。澳门与长崎的贸易中，也是以丝货为最大宗。这些丝货是葡商

---

①　全汉升：《明代中叶后澳门的海外贸易》，《香港中文大学中国文化研究所学报》1972 年第 5 卷第 1 期。

②　全汉升：《明中叶后的中日丝银贸易》，《"中研院"历史语言研究所集刊》1973 年第 55 本第 4 分。

从广州收购，再经澳门转运日本出售。其中光是生丝一项，在16世纪中叶以后的一段时间内，每年平均1600担；1600—1620年，每年平均约一千担，最高的一年达2600担；到了17世纪30年代，葡船输日生丝数量显著减少，但输日的绸缎等丝织品则有增加的趋势。① 明代后期禁止与日本的通商贸易，而中国丝货在日本广受欢迎，需求量很大，所以丝价也远在中国市价之上。"有鉴于两国丝价的悬殊，葡人自澳门到广州低价收购，转运往长崎高价出售，经常获得的利润，起码为投资的百分之七八十，有时超过百分之一百"。② 另一条从澳门经马尼拉到墨西哥的航线，因为主要经营中国的生丝和丝织品，也被称为太平洋上的"丝绸之路"。崇祯九年（1686年）以前，每艘到墨西哥的帆船载有中国的丝织品三四百至五百箱，崇祯九年出发的帆船有一艘装中国丝货一千箱，另一艘则达到一千二百箱。③

由于对外贸易的兴盛，以及珠江三角洲商品性农业和手工业的迅猛发展，明代广州作为商贸集散中心的功能进一步强化。市场上的商品琳琅满目，既有干、鲜果以及制品、粮油盐及其制品、肉类、蛋类、竹木及其制品、布匹和丝绸类制品、药材和成药、金属以及制品、各类烟酒茶、炮竹烟花、珍珠香料等国产商品上百种，还有从海外进口的金银制品、各种珍奇动物、不同种类的香料、五花八门的药材、贵重的木头、式样繁多的布匹以及刀枪等商品一百五十多种。此外，在广州还出现了全国独一无二的、具有批发性质的"栏"，如鱼栏、猪栏、鸡栏、海味栏和野味栏等，大量的小商贩从"栏"批发商品后再走街

---

① 全汉升：《明中叶后的中日丝银贸易》，《"中研院"历史语言研究所集刊》1973年第55本第4分。
② 同上。
③ 全汉升：《自明季至清中叶西属美洲的中国丝货贸易》，《中国经济史论丛》第1册，中华书局2012年版，第461页。

第四章　广州国际化营商环境的历史成因　85

串巷叫卖，或在其零售商店售卖，不仅有利于商品流通，而且为城市居民提供了方便，提升了经济收入。① 而圩市数量的增长，如嘉靖年间广州有圩市136个，② 这也说明有一批固定的老字号商铺可以长期地从事商业经营，对稳固市场行情、树立国际品牌有保证之效。

明代广州商贸市场的繁荣也可在外国人的记述中得到印证。正德九年（1514年），葡萄牙人多默·皮列士（Tome Paras）在其所著《东方志》中称赞广州是"全中国无论陆路还是海路大批商品装卸之地"，"从交趾疆界开始到中国海岸，首先有海南（Aynam）的城寨，那里产珍珠，输往中国及南头（Nantoo）、广州、漳州（Chamcheo）等，我们只谈其中最大，而且是这些地区贸易中心的广州"。③ 葡萄牙传教士克罗兹（Cruz）在嘉靖三十五年（1556年）到过广州，在他看来，"在广州的街道上，市民们来来往往，人数众多。这里有富裕的原料，很多手工艺人都为出口贸易而工作，出口的产品也是丰富多彩的。例如，有用彩色丝线盘曲地绣在鞋面上的绣花鞋、彩漆绘画盒、硬木家具（如写字台、桌、椅、木雕的床）、镀金的铜盘、瓷器等"④。

与此同时，中国其他地方与广东省各地的商人也集中到广州进行出口贸易，名曰"走广"。1629年，荷兰驻台湾第三任长官讷茨（Nugts）在给其国王的一份报告中也记述："中国人把货物从全国各地运到他们认为最有现款购买他们货物的市镇和海港……后来他们运到广州市集上的货品和数量如此之大，以致葡萄牙人没有足够的资金购买，……参加这些市集的商人

---

① 蒋祖缘：《明代广州的商业中心地位与东南一大都会的形成》，《中国社会经济史研究》1990年第4期。
② 同上。
③ ［葡］皮列士：《东方志：从红海到中国》，何高济译，江苏教育出版社2005年版，第98页。
④ 朱培初：《明朝陶瓷和世界文化的交流》，中国轻工业出版社1984年版，第31页。

们看到他们的货卖不出去,就用他们自己的船,责任自负地把货运往马尼拉、暹罗、望加锡等地去。"①

2. 清代广州的进出口贸易

清代广州是全国最主要的对外贸易口岸,特别是一口通商时期,广州是全国唯一合法进出口贸易的第一大港。江南、闽、浙各省丝、茶、瓷器等物也指定从广州出口,景德镇的瓷器、长江流域的棉花、江浙的生丝和布匹源源不断地运至广州销售。广州集散商品、组织流通的基本功能进一步完善。《早期澳门史》补篇《广州城概述》也记录了清代中国内地商人云集广州经商的情形:"中国各地的产品,在这里(广州)都可以找到;来自全国各省的商人和代理人,在这里做着兴旺的、有利可图的生意。"② 屈大均的《广东新语》认为是"吾粤金山珠海,天子南库,自汉唐以来,无人而不艳之。计天下所有之食货,东粤几尽有之;东粤之所有食货,天下未必尽有之也"③。因此,全世界各国商人都到中国贸易,都会集到广州进行。据不完全统计,1685—1757 年,到广州贸易的欧、美各国商船有 312 艘;1758—1838 年有 5107 艘,平均每年有 63.8 艘。西方近代的机械、医药、针织、石油、化工等技术和产品大量引进,蚕丝、绸缎、茶叶、陶瓷、工艺制品等大量出口。广州各个码头,停泊着来自西方的远洋商船,卸下毛织品、棉布、皮革、毛裘、火油和鸦片,运走一船船的茶叶、地席、绢丝、砂糖、木棉和瓷器。其他像猪鬃毛、桂皮、爆竹,无不成为热门货。纺纱、染布、加工茶叶的工场,遍地皆是。

广州的进口商品以毛织品和棉花为大宗。毛织品品主要来自英国本土。棉花来自英属印度。这两项在进口贸易总值中,

---

① 朱培初:《明朝陶瓷和世界文化的交流》,中国轻工业出版社 1984 年版,第 31 页。
② 龙思泰:《早期澳门史》,东方出版社 1997 年版,第 301 页。
③ 屈大均:《广东新语》卷 9。

第四章 广州国际化营商环境的历史成因

一般占 70%。① 早期的中英贸易，往往还以船载白银来进行交易。东印度公司的商船装载，白银经常占 90% 以上，商货则不足 10%。② 在 18 世纪初期，"中国作为英国制造品的一个市场来说，是几乎不存在的；从 1708 年到 1712 年，对华直接出口贸易每年的平均数字，在商品方面不到 5000 英镑，在金银方面超过 50000 英镑"③。康熙五十五年（1716 年），广东巡抚杨琳在奏折中说，"今岁广州自二月至六月，到有法兰西洋船六只，英吉利洋船二只，俱系载银来广置货，甚至全年总共到有外国洋船十一只，共载银约有一百余万两"。因此，在早期的广州对外贸易中，白银流入是主要特征。据统计，自康熙三十九年至乾隆十六年（1700—1751 年）的五十一年间，西欧各国输入中国的白银达到 68073182 元，平均每年为 1308401 元。④ 直到 19 世纪以后，由于走私鸦片大量输入中国，中国的白银才开始大量流出（见表 4-3）。

表 4-3　　　　鸦片战争前中国进口商品估计平均量值⑤

货名	每年平均进口数量	平均价格	每年平均进口值（元）
棉花	500000 担	10 元	5000000
棉布	530000 疋		1380000
其他棉织品			85000
棉纱、棉线	25000 担	25 元	625000
呢绒			1039500
钟、表、千里镜、香水等			130000
槟榔	25000 担	2.50 元	56250

---

① 汪敬虞：《十九世纪西方资本主义对中国的经济侵略》，人民出版社 1983 年版，第 14 页。
② 严中平：《中国近代经济史统计资料选辑》，科学出版社 1955 年版，第 18 页。
③ 姚贤镐：《中国近代对外贸易史资料》，中华书局 1962 年版，第 258 页。
④ 余捷琼：《1700—1937 年中国银货输出入的一个估计》，商务印书馆 1940 年版，第 32—34 页。
⑤ 姚贤镐：《中国近代对外贸易史资料》第 1 册，中华书局 1962 年版，第 259—260 页。

续表

货名		每年平均进口数量	平均价格	每年平均进口值（元）
鱼肚		1500 担	50 元	75000
洋参	上等	1000 担	60 元	60000
	下等	500 担	10 元	5000
胡椒		10000	5 元	50000
鱼翅	上等	1000 担	30 元	30000
	下等	2000 担	15 元	30000
洋米、洋麦、五谷				500000
珍珠				300000
玛瑙				100000
洋硝		10000 担	7 元	70000
洋铁	生铁	2000 担	1 元	2000
	熟铁	23000 担	2 元	46000
洋生铅、洋熟铅		30000 担	4 元	120000
洋锡		5000 担	14 元	70000
皮毛				100000
其他商品货值				331620
走私进口之鸦片				13794630
各种金银钱币				1000000
进口总值				25000000

广州对外贸易出口最大宗的物品分别是茶叶、生丝和土布（南京布）。18 世纪 20 年代以前，丝的出口居于首位。大约在 20 年代前后，茶叶取代了生丝，成为贸易的主要商品。[①] 18 世纪后期，仅茶叶一项"便提供了英国国库总收入的十分之一左右和东印度公司的全部利润"[②]。鸦片战争前，茶叶出口平均每年运销英国约 4000 万磅，运往美国及其他各地的约 1000 万磅。[③] 在广州的对外贸易中，茶叶、生丝和土布，这三项货物的出口一般可以占出口总值的 80% 以上。比如 1817 年，出口总值

---

① [美] 马士（H. B. Morse）：《东印度公司对华贸易编年史》第 1、2 卷，中山大学出版社 1991 年版，第 156 页。

② [英] 格林堡：《鸦片战争前中英贸易通商史》，康成译，商务印书馆 1961 年版，第 3 页。

③ 姚贤镐：《中国近代对外贸易史资料》第一册，中华书局 1962 年版，第 259 页。

19486461 银元，其中货物总值 15566461 银元，占 80%，白银出口 3920000 银元，占 20%；在货物出口中，茶叶为 10707017 银元，占 68.8%，生丝 635440 银元，占 4.1%，绸缎 984000 银元，占 6.3%，土布 1048940 银元，占 6.7%，三项合计 79.2%。1832 年，出口总值为 26413939 银元，其中货物总值 21258198 银元，占 80.5%，白银输出 5155741 银元，占 19.5%；在货物出口中，茶叶为 15241712 银元，占 71.7%，生丝 2132551 银元，占 10%，土布 128825 银元，占 0.6%，三项合计 82.3%[①]（见表 4-4）。

表 4-4　　　　鸦片战争前中国出口商品估计平均量值[②]

货名	每年平均出口数量	平均价格	每年平均出口值（元）
各种茶叶	350000 担	20 两或 27 元	9450000
生丝	8080 担		1707000
绸缎	1000 疋	400 元	400000
丝线	1500 担	400 元	600000
丝带	100 担	400 元	40000
糖			
粗糖、白糖、黄糖	40000 担	4 元	160000
冰糖	30000	7 元	210000
樟脑	2000 担	25 元	50000
桂皮	30000 担	8 元	240000
各种瓷器	5000 担	20—200 元	50000
各种纸类	6000 箱	10 元	60000
大黄	1000	45 元	45000
其他商品货值			327000
金银洋钱及各样金银类			11160250
出口总值			24500000
在华外国船只开支及船钞			500000
共计			25000000

---

① 姚贤镐：《中国近代对外贸易史资料》第 1 册，中华书局 1962 年版，第 256—257 页。

② 同上书，第 258 页。

这时期国际航线的开拓和国内市场的发展，使得广州市场称为世界市场的有机组成部分，其贸易商品突破日本、东南亚地区的一隅，扩展到全世界各地，尤其是对欧洲市场和美洲市场的输入，不仅促进了西欧资本主义的原始积累，也让广州市场与世界市场有了进一步的联系，奠定了广州的贸易关系与网络。

明清广州经济实力的提升，主要依赖于对外贸易的垄断。外贸垄断除了带来直接的经济利益外，也大力推动了广州的城市发展。商贸业的发展无出其右。李调元诗云："自是繁华地不同，鱼鳞万户海城中。人家尽蓄珊瑚鸟，高挂栏杆碧玉笼。奇珍大半出西洋，番舶归时亦置装。新出牛郎印光缎，花边钱满十三行。"屈大均的《广东新语》也记载了广州濠畔街的繁荣景象："隔岸有百货之肆，五都之市，天下商贾聚焉。……香珠犀象如山，花鸟如海，番夷辐辏，日费数千万金，饮食之盛，歌舞之多，过于秦淮数倍。"[①] 这些记载都是广州繁华都市景象的历史写照。江南、闽、浙各省丝、茶、瓷器等物指定从广州出口，进一步强化了广州的商品流通和集散功能；而商品的极大丰富，也进一步刺激了相关上、下游产业的繁荣。明清时期广州的手工业如造船、五金、纺织、食品加工业等，在当时都处于全国领先水平。至今北京故宫博物院收藏的大量清代自鸣钟，就有相当一部分产自广州。广纱有"甲于天下"之誉，五金有"苏州样，广州匠"的谚语。由此可知，港口和海外贸易的发展不仅打造和提升广州城市的商品集散、组织流通功能和综合的资源配置能力，而且进出口贸易在广州的进行，也使广州的手工业能够借鉴国内外先进的工艺，得到快速发展的机会。

四 政府作为：政策、法规与体制的积极意义

广州作为千年商都可以保持历久不衰，除了地理区位与交

---

① 王临亨：《粤剑编》卷17。

通的先天优势之外，国家海洋政策的重视和倾斜，贸易法规的日益完善，地方治理的长期稳定等，也都是重要的影响因素。以史为鉴，历史上广州对大规模跨区域的商贸活动和市场体系的治理经验，或者可为当代广州建设国际化营商环境提供新的思路和切入点。

（一）市舶管理的制度化、规范化

作为全国第一大贸易港，广州是历史上第一个设立市舶管理机构的港口，也是第一个设置外商管理区域的城市。唐代广州设置了历史上第一个管理对外贸易的"市舶使"和第一个外商聚居区"番坊"。广州设置市舶使的时间不详，但最晚是在开元二年（714年）。据《册府元龟》卷546的记载，开元二年（714年），岭南监选使柳泽，与市舶使周庆立、波斯僧及烈等"广造奇器异巧以进"。《新唐书·柳泽传》和《唐会要》中也都有类似记载，证实至晚在开元年间，广州已经设有市舶使一职。终唐一世，能够有明确和可靠的史料证明曾设置市舶使的，也只有广州一地。其他如扬州、泉州、福州等，皆语焉不详，难以考证。唐代广州"市舶使"的主要职责包括：（1）对来华船舶征收关税；（2）代表朝廷收购珍异的专卖品；（3）管理外商；（4）保管舶货；（5）监督贸易；（6）代表朝廷管理海外各国朝贡事务。唐代的市舶管理制度虽然只是草创，具体条例还不够明确，但却为后世宋元的市舶条例勾勒出一个大要。"宋承唐制"，市舶管理的形式和职能是一脉相承的。

宋代在"唐制"的基础上制定了正式的市舶管理法规。971年北宋在广州设立全国第一个市舶司，是历史上第一个正式管理对外贸易的官方机构。《宋史·职官志》中，对于市舶司的职责，有明确的解释，即"提举市舶司，掌蕃货、海舶、征榷、贸易之事，以来远人，通远物"。桑原骘藏在《蒲寿庚考》中对市舶司的职责进行了更通俗的归纳：（1）对进口的海舶和蕃商，船舶到港时检查有无禁品；保管货物；征收关税；买进政府专卖品（如香药）；保护外商；（2）对本国出海贸易的商船，起程和归国时，检查有无违禁品；征收关税。元丰三年（1080年），正式修订颁布《广州市舶条法》，后世称其为"元丰法"，这是我国历史上第一部正式的市舶管理法规。元代在宋代市舶法规（元人称其为"亡宋市舶则例"）的基础上，于1293年颁布更加系统和严密的"整治市舶司则法二十二条"，1314年又颁布了修订版的新市舶法则二十二条。宋元时期的市舶管理制度主要包括：（1）明确市舶司职权、职责；（2）鼓励交易和分类管理；（3）采取低税和差异化抽税政策；（4）实行出口许可制度；（5）严厉打击走私；（6）保护外商合法权益。以抽税政策为例，为了保护海外进口贸易的积极性，宋代征收关税的比例虽有不断地调整，但总体采取低税政策，并根据货物的类别以及地域的差异在不同时期实行不同税收政策。元代对进口货物实行上岸征税和贩往内地时征税，谓之"双抽"，而对国产货物，则只在出售时征税，谓之"单抽"。这种办法既保护了国家的关税，也鼓励了本国的商品出口。

宋元是中国航海贸易的鼎盛时代，由于形成了书面成文的市舶法规，使得有法可依、有章可循，各个港口贸易因此繁荣兴旺，尤其泉广二地堪称当时世界上最大的港口，一个"梯航万国"，一个"蕃舶凑集，珍货丛聚"，证明市舶管理的制度化和规范化富有成效。

（二）广州体制：官控商营的行商制度利与弊

明清政府为了发展集中于广州的对外贸易，除了设置广东市舶司和粤海关进行管理外，还"官设牙行，与民贸易"，以致后来发展成为专门从事对外贸易的商业团体——"三十六行"（明代）和"十三行"（清代），同外国商人直接贸易。康熙二十四年（1685年），清政府在十八甫的南面，即今文化公园一

第四章 广州国际化营商环境的历史成因

带设立十三行。十三行是清政府指定专营对外贸易的垄断机构，十三行的行商负责与到达黄埔港的外国商船做生意并代为征缴关税。樊封《夷难始末》云："康熙十九年（1680年）撤藩，乃置粤海税务使，以内务府司员充之，权归总督，每岁额征不满六十余万也。至乾隆间，有闽人潘启者熟于洋商贸易事，条陈商办、官办得失。总督李侍尧请于朝，置户部总商，每岁保税保征，除旧额外，正款可加四十余万，平羡银余，可收百万，奏入许之。于是总商六家，副商七家，在河干建立夷馆，居集远人，名之曰十三行。"梁嘉彬在《广东十三行考》中说道，"论十三行之事业范围，始则偏于'以夷货与民贸易'，继乃转重于'与夷互市'；论其交易之对象，始则重在南洋诸国，继乃转而之西洋诸国；论其性质，始则纯属评定货价承揽货税之商业团体，继乃兼及外交行政"。十三行是清廷指定专营广州对外贸易的半官半商性质的洋行组织，由于受命于官，主管洋务，所以十三行的行商又被称为"官商""洋商"。17世纪后期，十三行的贸易对象是"南洋诸国"。18世纪以后西方的商船接踵而来，而且船只数量、吨位以及贸易总量都在不断地以倍数增长，广州的对外贸易遂转向"西洋诸国"。"外洋商贩，悉聚于广州一口"，专营洋务的十三行"独操利权，丰享豫大，尤天下所艳称"。[1]

清代广州十三行是官方批准的对外贸易机构，由粤海关直接领导并受到粤海关的监管。在当时外国商人不熟悉中国情况、不懂汉语以及不了解中国政府管理外贸制度的情况下，此种商业团体的设置，成为外商与中国商人进行贸易的中介者，使外贸做得更活更好。所以，当时外国商人普遍感到在广州做生意比世界其他地方更方便、更好做。

同时，十三行制度是特殊历史时期的产物。作为一种垄断

---

[1] 《彭刚直公奏稿》第4，"会奏广东团练捐输事宜"。

贸易制度，有其时代的局限性；但从体制创新的角度来看，十三行作为外商和清政府之外的第三方，以官商、税官和外商代理的多重身份出现，更具灵活性。英国议会于1830年（道光十年）对广州贸易的英国商人进行调查后得出结论，说："外国商人对于这整个广州制度（它在实践中经过种种修正）是怎样看待呢？1830年英国下议院关于对华贸易的极为重要的审查委员会会议中，几乎所有出席的证人都承认，在广州做生意比在世界上任何其他地方都更加方便和容易。"①

十三行的衰亡有多重复杂因素。严苛的保商制度、海关苛税与陋规、官府对行商的敲诈和勒索、外债与摊偿等权责利的不平衡，都是十三行通商制度的弊端。但是，从行商制度到买办制度，十三行的出现对近代外贸体制的形成、近代粤商团体的观念更新等都有所贡献。

（三）整肃吏治、廉洁政府的重要性

广州历代对外贸易的发展状况显示，每当吏治败坏、征税过苛就会导致商业环境恶化，"诸国惹愤"、贸易锐减。整肃吏治之后，对外贸易就会重新繁荣起来。如南朝时期，梁武帝派了一名叫萧励的官员任广州刺史，因他作风廉洁，管理日善，每年来广州的海外商船由此前的几艘增长为十几艘，"禅商两旺，众口皆碑"②。唐贞元年间，因广州官府征税过重等原因，即大臣陆贽所言"若非侵刻过深，则必招携失所"，海外贸易商人无法承受重负，于是"舍近而趋远，弃中而就偏"，转移到交州港进行贸易。但由于唐代广州港的条件胜过交州许多，所以吏治整肃后，南海贸易的重心即回到广州。宋元时期广州港也

---

① 黄启臣：《广东在贸易全球化中的中心市场地位——16世纪中叶至19世纪初叶》，《福建师范大学学报》（哲学社会科学版）2004年第1期。
② 《萧氏族谱·广州绣衣坊纪事》（常州兰陵世家脉系），《竺氏家谱·开篇：广州南天竺一乘族》（泉州版）。

有过几次中落，主要原因都是因为官吏巧取豪夺，导致"海舶久不至"，即《萍洲可谈》所说"官吏或侵渔，则商人就易处，故三方亦迭盛衰"。吏治清明之后，广州很快就恢复一派"外国香货及海南客旅所聚"的繁荣景象。历史发展证明廉洁政府、提升政府管理水平对于创造良好的营商环境具有关键作用。

（四）涉外管理的人性化和制度化

历史上广州对于来华外商的管理有不少可资借鉴之处。唐代采取开放政策，允许外国商人在大唐境内自由的经商贸易，"任蕃商列肆而市，交通夷夏"①，对于南海贸易的外商"除舶脚、收市、进奉（官方规定的进港手续）外，任其往来通流，自为交易，不得重加率税"②。唐代广州已经在广州城西南濠东岸藩船（外国商船）码头区开辟了专供外国商人（主要是阿拉伯商人）集中居住的"番坊"，宋代还开设了"蕃市"以及为外商子女求学设置的"蕃学"。这些措施起到了安定人心的作用，创造了秩序井然的商业环境。

宋元正式颁布的市舶管理法规也都体现了对外商的优恤和保护。如宋代明文规定"有亏蕃商者，皆重置其罪"，有发生市舶官员侵吞舶商利益的事情，外国舶商可以直接向官府申诉。历史上出入广州的外国商人来自东南亚、南亚、阿拉伯半岛、北非和东非广大地区的国家。为了让这些不同国家的外商及其家人能安心来广州居住和贸易，宋代政府专门制定了针对外商的一些管理条例。

（1）"化外人相犯"条例。外国人相互攻击，若双方来自同一个国家，就用该国家法律处置；若来自不同的国家，就用中国法律处理。

（2）婚姻条例。只是暂时往返广州贸易的外国人不能娶中

---

① 《全唐文》卷515。
② 《唐大诏令集》卷10。

国女子为妻；定居下来的外国人则可以娶中国女子为妻，但不得带往国外。

（3）商人遗产的处理条例。外国商人如果在中国境内死亡，其财物可由当时就在身边的亲属继承。但所继承的财产，依照血缘关系的亲疏而有所不同。如果死者身边没有亲人，则将其死讯通知其国内亲疏，同样按照血缘的亲疏继承财产。如果死者没有亲属，其财产则由中国政府接收，不再由其疏族远亲继承。

（4）宽免条例。如果外国商人触犯了中国法律，一般都要受到制裁；但大商人则可由人担保奏请朝廷裁决。

（5）外国商人及其家属可自由进出广州并长期居住，甚至可购置房屋和地产。

（6）允许外国商人按照自己的饮食习惯生活，从事自己的宗教活动。譬如伊斯兰教徒不吃猪肉，在家做礼拜等。

（7）外国商人可与中国人杂处并定居城内。当时他们聚集地"番坊"就在新筑的西城之内。

（8）对贩运舶货有功的外国商人可获得中国官衔。尽管只是没有职权的官名，但其社会地位得到了承认，而且贡献越大，官位越高，荣耀感越强。

（五）本国海商的权益保护和激励政策

为调动本国海商参与航海贸易的积极性，明清以前的历代政府都会出台相应的奖励、优恤和推广政策。宋元时期国家对南海贸易的态度最为积极主动，因此政策规定最为细致和典型。

（1）采取奖惩机制，调动海商积极性。南宋规定本国海商如果能招徕到外国商船，缴进口关税五万贯、十万贯以上者，可以补不同级别的官职。《宋史·食货志》记载，泉州海商蔡景芳，自建炎元年至绍兴四年（1127—1134年）因招诱贩到货物，收净利钱98万贯，被授予"承信郎"的官职（相当于九品）。阿拉伯商人罗辛，贩来乳香三十万缗，也获补"承信郎"。对本国出海贸易的商船，南宋规定"若在五月内回舶，与优饶抽税之，如满一年，不在饶税之限；满一年以上，许从本司追究"①，即出海贸易的效率高可以减免征税，效率低需要追究责任。

（2）对海商和所有从事海外贸易的人员实施优恤制度。元代实行免役制度，官府对本国的海商，不可以随意支差，以防影响航行贩运经纪；船商、船员及其家属，可在所属州县免除差役，以示优待。官府可为海商提供低息贷款，规定贷款利率为8厘，与其他相比，其利率要低3/4。②

（3）为商人经商提供方便，保护商旅安全。元代规定平民身份的商人可以持有"玺书"、佩戴虎符、乘坐驿马；还给流动商贩提供饮食；并设立巡防弓手和海站，保护商旅财产；为了防止官吏对商人的侵害，还颁布了不准拘雇商船、商车的禁令。如果商人财物被盗，地方政府破不了案的，则以官产补偿。贫困的商人，政府还负责救济。

政府对本国海商的权益进行保护，并充分调动海商参与对外贸易的积极性，因此广州历史上商业繁盛，出现"富人往诸番商贩，率获厚利，商者益众"③的局面，并涌现出许多富商和巨贾，形成粤商团体并成为一种文化现象。

（六）城市基础设施和交通环境的优化

1. 广州与中原内地的交通优化

建设国际化营商环境离不开国内市场的开拓与连接。广州对外贸易的兴盛，除了依靠面向世界的海洋交通优势，更重要

---

① 《宋会要辑稿》职官44。
② 邓端本、章深：《广州外贸史》上册，广东高等教育出版社1996年版，第199—201页。
③ 同上。

的是与经济文化更为发达的中原内地的经贸交流。港口的进出口贸易本质上是一种等量交换。海外珍贵的舶来品需要中原内地的庞大市场来消化，同时中原内地的丝织品和瓷器等，被世界市场需求，经由广州港和海上丝绸之路行销到全球各地。广州作为世界性贸易城市的功能建立在以中原内地为广阔腹地的基础之上。

为了更好地开展对外贸易，历代政府都很重视广州与中原内地的交通往来。广州舶货北运，需经五岭通道，其中尤以大庾岭道最为重要。唐开元四年（716年），张九龄主持修凿了大庾岭的陆道，将原本"以载则不容轨，以运则负之以背"的山间小径改造成"坦坦而方五轨，阗阗而走四通"的平坦大道。[①] 广州与中原内地之间经大庾岭道的商贸经济交流更加通畅，正所谓"怀荒服兮走上京，通万商兮重九译。车屯轨兮马齐迹，招孔翠兮来齿革"[②]。张星烺指出，"广州者，海舶登岸处也。唐时，广州之波斯、阿拉伯商人，北上扬州逐利者，必取道大庾岭，再沿赣江而下，顺长江而扬州也"[③]。在五岭通道中，南北大运河的开通为大庾岭道提供了更大的便利。舶货北运，从广州溯北江到韶州（今广东韶关）；取道大庾岭达虔州（今江西赣州），再沿赣江到洪州（今江西南昌）、江州（今江西九江）；从江州顺长江东下可到扬州。扬州是唐代南北交通的枢纽，从扬州沿大运河北上，经楚州（今江苏淮安）、泗州（今江苏盱眙）、宋州（今河南商丘）、汴州（今河南开封），可达东都洛阳，再沿两京驿道可直抵唐都长安。这条大运河通道也是唐代盐茶、漕米、商货、贡使等官商皆用的一条繁忙通道。从大庾岭道北上，过赣江，再沿长江而上，经鄂州（今湖北武汉）、溯汉江达襄州（今湖北襄阳），再北上邓州（今河南邓州）、商州

---

① 张九龄：《开凿大庾岭序》。
② 《全唐文》卷259，《开大庾岭铭》。
③ 张星烺：《中西交通史料汇编》第2册，中华书局1977年版，第285页。

(今陕西商州），也可通达唐都长安；另外从大庾岭道北上，过赣江，从洪州经信州（今江西上饶）、衢州（今浙江衢州）、睦州（今浙江建德），再从杭州沿江南运河北上可到达东都洛阳。由于大庾岭道直接联系了广州与长安、洛阳两都，在唐开元之后岭道也相对"坦途"，因此大庾岭道的地位在唐以后明显上升。在1936年粤汉铁路建成之前，大庾岭道一直是岭南与中原内地交通往来的主要通道。宋代，广州舶货解送京城，仍沿用唐代以来整治的大庾岭道，即从广州水运到南雄，转大庾岭陆道运送到江西的南安军，再转水运到北宋都城开封或南宋的杭州。《宋史》卷175《食货志》说，"广南金、银、香药、犀、象、百货，陆运至虔州，而后水运"，《宋史》卷263《刘熙古传》又说，"岭南陆运香药入京，诏（刘）蒙正往规画。蒙正请自广韶江溯流至南雄；由大庾岭步至南安军，凡三铺，铺给卒三十人；复由水路输送"。这条交通线前后都是相对便利的水运，只有大庾岭一段是陆路，所以，大庾岭陆路的畅通就显得十分重要。虽然在唐代，有张九龄大力整治过大庾岭道，但"驿路荒远，室庐稀疏，往来无所庇"，为了保证舶货运输的通达和便捷，宋代再次分别从广东和江西境内整修大庾岭道，将原来的"大庾岭故道"继续扩建，"以砖甓其道"，使"南北三十里，若行堂宇间"，每隔数里设置一亭以供休憩，路边"左右通渠，流泉涓涓不绝"，兼栽种"红白梅夹道"，以使"行者忘劳"。① 余靖《韶州真水馆记》称，"自京都沿汴绝淮，由堰道入漕渠，溯大江度梅岭，下真水至南海之东、西江者，唯岭道九十里为马上之役，余皆篙工楫人之劳，全家坐而致万里"，因此"今天子之都大梁（开封），浮江淮而得大庾，故浈水最便"，② "故之峤南虽三道，下浈水者十七八焉"③。大庾岭道的

---

① 王巩：《闻见近录》。
② 余靖：《武溪集》卷5，《望京楼记》。
③ 余靖：《武溪集》卷5，《韶州真水馆记》。

整治，使广州通往中原内地的运道畅通无阻，有力推动了广州商贸经济活动的繁荣。余靖《题庾岭三亭诗·通越亭》诗云，"行尽章江庾水滨，南踰梅馆陟嶙峋。城中绍祚千年圣，海外占风九译人。峤岭古来称绝徼，梯山从此识通津。舆琛辇赆无虚岁，徒说周朝白雉驯"。除了商贸活动之外，大庾岭道也是一条官道。唐代大庾岭附近已设有官驿。① 宋代以后也有民间客栈的记载。明清时，"翻越它的全程尽是穿过覆盖树林的多石地区，但是歇足地和路旁旅店也一路不绝，以致人们可以平安而舒适地日夜通行"②。外国贡使也从此道入贡，"百蛮梯尽来重译，千古输摧恨七盘"③。淳熙中（1174—1189 年）专门在南雄州城南隅建立入使行馆。④ 大庾岭道对于历史上中原移民的南迁也具有重要意义。位于大庾岭古驿道上的南雄珠玑巷，是北方移民南下的第一个定居点。特别是南宋初年、末年的两次人口大迁移，大多是沿大庾岭道南下，对于珠江三角洲的经济开发和岭南文化的发展都具有举足轻重的意义，是故"然后五岭以南人才出矣，财货通矣，中原之声教日近矣，遐陬之风俗日变矣"⑤。明清时期，大庾岭道多次进行修筑和养护，"踵而修者，代有其人"⑥。仅修筑道路计有嘉祐、明永乐、正统、成化（三次）、天启、清道光、咸丰等数十次。⑦ 桑悦的《重修岭路记》记曰，"庾岭，两广往来襟喉，诸夷朝贡亦于焉取道，商贾如云，货物如雨，万足践履，冬无寒土"⑧。由于大庾岭道的地位重要，沿线的城镇、人口、商贸经济活动等都得以迅速发展。

---

① 《全唐诗》卷 52，《题大庾岭北驿》。
② 何高济等译：《利玛窦中国札记》，中华书局 1983 年版，第 279 页。
③ 王象之：《舆地纪胜》卷 93。
④ 《直隶南雄州志》卷 24。
⑤ 邱浚：《广文献公开大庾岭路碑阴记》。
⑥ 同治《南安府志》卷 19。
⑦ 王元林：《唐开元后的梅岭道与中外商贸交流》，《暨南学报》（人文科学与社会科学版）2004 年第 1 期。
⑧ 乾隆《大庾县志》卷 18。

2. 港口与城市建设的互补

港口与城市是互补共生的关系。广州是典型的以港兴市。秦代南海尉任嚣在郡治番禺筑城，史称任嚣城，是为广州建城之始，也是岭南历史上第一座郡城。公元前204年，赵佗立南越国（公元前204—公元前111年），以番禺为都城，扩建任嚣城。之后，从东汉末年番禺迁回南越都城旧址直至唐末的七百年间，城垣建设一直没有太大变化。尽管唐代海外贸易已经十分兴盛，但当时外商集聚和进行商贸活动的区域都在"海滨湾泊之地"，城西的港市是中外商贾聚居之地，城南沿江地带的商业码头也是广州最繁华商业区，都不在城区范围以内。《唐坰记略》记曰，"广于五岭为大府，地控蛮粤，列郡倚以为重。其商船物货之聚，盛比杭、益，而天下莫及。旧有城在广州之东，规模迫隘，仅能藩离官舍暨中人数百余家，大贾巨室生齿之繁几千万，皆处其西，无以自庇"①。

由于唐代广州的城区范围很小，宋皇祐四年（1052年）的一场战乱导致"城外蕃汉数万家悉为贼席卷而去"②，对海外贸易也造成沉重打击。因此，两宋三百多年间，广州多次进行城垣扩建和修缮。比较重要的有北宋庆历四年（1044年）修筑子城，又称中城；北宋熙宁初年（1068年），修筑东城；北宋熙宁四年（1071年）修筑西城，形成子城、东城、西城为主的宋代三城格局。三城的建设，除了巩固城防的目的，更重要的是顺应了人口增长和海外贸易的发展，进而带动商业、手工业的兴盛，从港口的繁荣进一步拓展到城市的繁荣。宋代广州的城垣建设已经改变了常见的以州衙为中心的布局方式，城市向南向西沿港口码头的分布而扩展和延伸，可以说在广州由于海外贸易的空前繁盛，使社会经济形态超越社会政治制度，成为左右城市空间结构发展的主导因素。特别是西城的修筑，规模最

---

① 转引自叶显恩《徽州与粤海论稿》，安徽大学出版社2004年版，第290页。
② 《续资治通鉴长编》卷237。

大，主要目的就是保护城市的商业区。宋代的番坊已经包裹在西城之内，诗歌中所谓"千门日照珍珠市，万瓦烟生碧玉城"的描述，展现的就是西城五都之市、百货充盈的商贸文化特色。宋代三城的建设也为明清以降广州城市形态的演变奠定基本格局。

　　明代时期对广州城的改造与扩建，也极大地推动了广州的商业繁荣。明洪武三年（1370年）镇守广东的永嘉侯朱亮祖以广州旧城低隘，开辟东北山麓800余丈，向东面和北面扩展，把越秀山包括在城内，将宋朝建立起来的三城（中城、东城和西城）连为一城。洪武七年（1374年）又向东北郊区延伸，并建镇海楼，扩建工程于洪武十三年（1380年）完成。嘉靖四十二年（1563年）又在城南筑外城，周长6里多。后人称明洪武年间修筑的城区为老城或旧城，嘉靖年间修建的城区为新城。改造后的城市街道和市场上的商业活动更加兴旺。正德九年（1514年），葡萄牙人科尔沙利（Corsali）曾到达广州沿海，并在信中称，"这里（广州）是我世界上所到的最富裕的地方，坚固雄伟的城墙，宽阔的街道，珠江上来往如梭的无数帆船，繁荣的商业市场以及经营瓷器、丝绸的商店，使他目不暇接"[①]。清初随着珠江北岸继续淤积成陆，广州城继续扩建，在新城以南将东、西两翼城墙南伸到江边，各长20余丈，也被称为"鸡翼城"。

　　从广州发展的历程来看，依山面江的固守态势为其建城的初衷，而依托航运而发展起来的沿江商业区亦随着河滩的不断淤积成陆而扩大，形成"山前高地为官衙，滨江低地码头为商业区"的空间分化态势，且商业区随着外贸的兴盛而扩展，促使城郭为保护商业区而不断扩充。对广州城社会空间影响最大的是适应外籍商贾的涌入而兴建的蕃坊区，表明其"依山而建，因江而商，

---

　　① 朱培初：《明清陶瓷和世界文化的交流》，中国轻工业出版社1984年版，第35页。

因商而兴，因兴而扩"的空间发展规律①（见图4-5）。

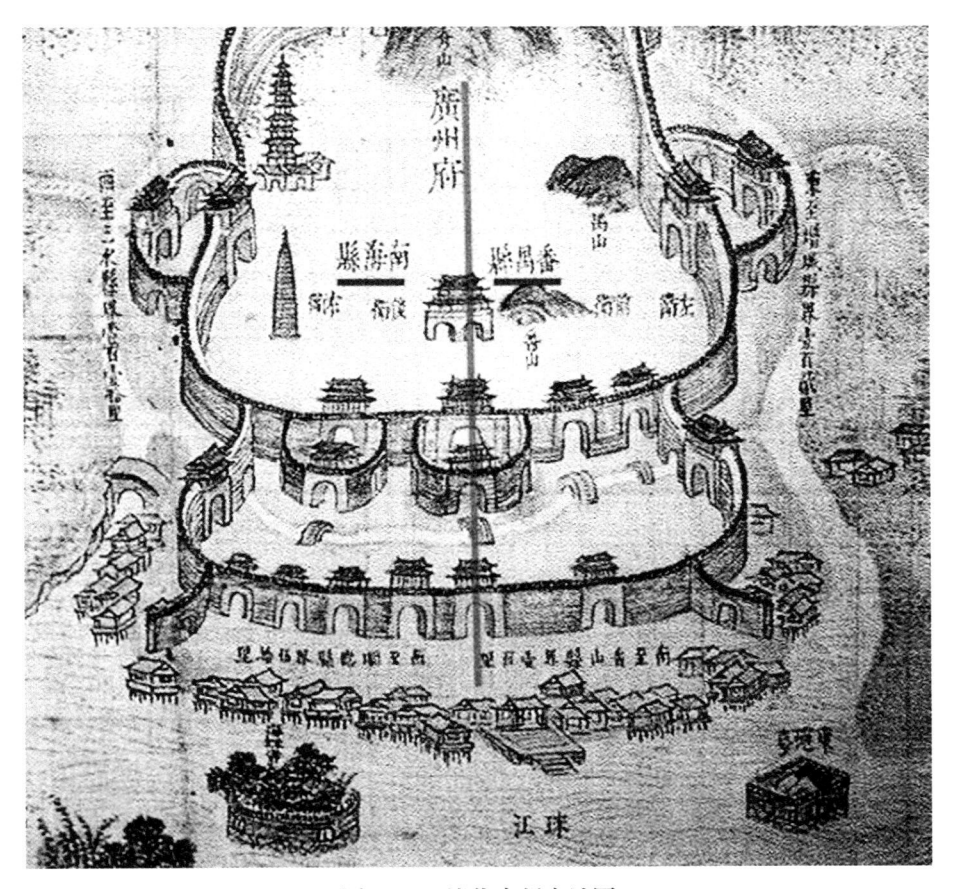

图4-5　清代广州府城图

除了改造旧城、修筑新城，历代广州政府还对城市水系环境进行不断的改良。三国东吴时期，交州刺史陆胤修建菊湖解决广州"江水秋咸"和"白云山洪"的问题，之后兰湖和西湖的疏浚，是为了防止西、北江水泛滥对城市的伤害以及为西、北江而来的中原船只提供停驻之地。宋代广州开始疏浚环城濠池，完成六脉渠的建构，《羊城古钞》说："古渠有六，贯串内

① 魏立华、阎小培：《清代广州城市社会空间结构研究》，《地理学报》2008年第6期。

城，可通舟楫。使渠通于濠，濠通于江海，城中可无水患，实会垣之水利。"至今广州仍有"青山半入城，六脉皆通海"的赞誉。六脉渠既是广州城市运输和市民生活的联系体，同时濠水和江水沟通的城市结构，也方便船只的运输和起卸货物，避风躲灾。城市水系结构的改良，也极大地推动了广州的商业和贸易活动。如宋代开凿的南濠，即古西澳码头，是宋代最重要的商业和对外贸易中心。

港口贸易的发展推动了广州城市的繁荣和城池建设的逐步完善，同时由于宋代三城建设以来广州城市建设的逐步完善，在近现代以后港口不再是广州城市发展的基础和动力的背景下，因为城市发展环境、经济结构等已经具有一定的独立性和完整性，广州的商贸文化传统才能得以延续，通过转型和身份的重构，继续担当岭南地区的政治、经济和文化中心的角色。

总的说来，历史上的广州作为千年商都和世界性的贸易城市，曾经具有的世界地位和千年积累的商业传统，都是当代广州建设国际性营商环境的优势条件。《福布斯》中文网2011—2016年连续六年将广州评为"中国大陆最佳商业城市"；普华永道与中国发展研究基金会联合发布的权威城市研究报告《机遇之城》中，广州在2016—2017年连续两年位居榜首。国际机构对广州营商环境的认可，离不开千年商都的历史积淀。如何充分利用历史优势资源，在历史观照中总结经验、探索创新，对于广州建设国际化营商环境，实现从千年商都到全球资源配置中心的提升，都不失为一种具有建设性的思路。

第五章　千年商都文化视域下的粤商文化

广州千年商都的悠久历史所形成的商业文化，不仅涵盖了长期商业活动所创造出来的社会物质遗产，更蕴含了不同时期商业活动中体现出的商业信念、价值观念与商业精神。由此，要研究千年商都文化软实力和营商环境的历史动因，不可忽视的便是作为本地商业活动的主体——粤商，以及这个群体在千年商都历史发展中形塑的精神气质、价值观念与文化内涵。

晋商、徽商、粤商是中国著名的区域性商帮，在中国经济发展与商业文化转型中扮演了不可或缺的重要角色。而广州之所以成为全世界唯一两千年不衰的贸易港口，直至今日仍在焕发强大的经济活力，这与粤商精神的历史传承不无关系。自古以来，粤商就在中国商界占据重要位置，他们创造了辉煌的商业传奇，以及代代相传的敢为人先、开放包容的精神特质，和务实诚信、义利兼顾的价值理念，成为区别于其他几大商帮而具有的独特特质。因此，研究粤商群体的历史发展过程、独特的营商之道、文化风貌和精神气质，对当下传承粤商优秀文化传统，凸显粤商文化地位和影响力，从而提升千年商都文化软实力，具有极强的现实意义。

本章以千年商都发展历史中最具有代表性的粤商群体为对象，来分析他们如何参与和构建广州千年商都独特的文化软实力；揭示这个具有独特地方文化气质的商人群体如何利用地缘和政策优势，如何调适中国传统儒家文化与西方外来文化的巨大差异，在特定的政治环境与社会环境中有效且智慧地开展他们的经商活动；他们如何区别于中国其他地域商帮，敢为人先，灵活变通地处理与应对商业与政治的各种纷扰，形成独树一帜的营商风格和商帮文化；他们又为广州千年商都文化软实力与优质营商环境的形成做出了怎样的贡献、提供了哪些宝贵的历史启示。

一 "粤商"发展历史概述

粤商主要包括广府商人、潮汕商人以及客家商人三大分支。在书中，由于研究广州千年商都文化软实力的需要，将重点讨论"粤商"中的"广府商人"这一群体。广府民系分布在西江、北江流域及珠江三角洲，广府商人主要是指讲白话语系的粤商，他们大都出生于开发较早的珠三角地区。广府人主要是由早期北方移民与古越族杂处同化而成，既有古南越遗风，又受到中原文化的哺育。

（一）传统粤商组织的形成：秦汉到明清时期的海商

早在汉代，广东便以海上交通"舟楫之便"开拓了海上丝绸之路。唐代，"广州通海夷道"成为世界上最长的远洋航线，这条以广州为起点的海上航线，表明广州在当时已明确成为海上丝绸之路沿线国家与中国贸易交往的门户；宋元时期是中国历史上海外贸易发展的鼎盛时代，北宋初年，广州设立了全国第一个市舶司，广州成为全国海外贸易的中心，强化了其作为海上丝绸之路东方首港的地位。明清时期，由于海洋政策和国际海洋环境的改变，全国沿海各大港口的发展受到抑制，海上丝绸之路的航线也发生重大变化。随着明代中叶以后商品经济的发展，一些商人纷纷组织私人武装船队，冲破海禁，出海贸易，逐步形成了以武力取得对外贸易权利的海商贸易集团，即海商商帮的出现。由此可见，粤商是在明嘉靖年间逐步形成的，而首先形成的便是海商商帮，如当时澄海的林道干、潮州的诸良宝等，这些海商群体不仅内部拜结为帮，而且还与其他海商联合起来成为较具规模的商帮组织。

（二）近代粤商的崛起和发展

清乾隆二十二年（1757年）至道光二十年（1840年）的83年间，清政府关闭各地对外口岸，只允许广东"一口通商"，且委托广东十三行行商协助粤海关管理广州的对外贸易。凭借着"一口通商"的独特优势，十三行成为当时中国与西方进行对外交流的重要门户。这种重要性在很长一段历史时期内表现为广州在全国外贸体系中的垄断地位，"外洋商贩，悉聚于广州一口"，屈大均《广东新语》称其为"金山珠海，天子南库"。1850年在世界城市经济十强中，广州名列第四，是当时世界级的大城市之一。

一口通商给广州带来前所未有的商业繁荣，随着中西贸易规模的发展，也出现了相当数量的从事对外贸易的商人群体。清代的广州洋商被认为是鸦片战争之前中国最富有的商人。清乾嘉年间，最为著名的十三行行商家族为同文行（后改名为同孚行）的潘家、广利行的卢家、怡和行的伍家和义成行的叶家。其中，潘家经营对外贸易生意长达百年之久，潘振承及其子潘有度均曾担任十三行的商总，他们的个人经历、经商活动与十三行的兴衰有着千丝万缕的联系，家族经商的智慧及开拓进取、敢为人先的精神也深刻影响了当时及后来粤商群体的营商风格、精神气质和价值取向。行商首领伍浩官是位具有传奇色彩的企业家，1834年他拥有的资产为5200万美元，可能是当时世界上最富有的商人。而他同世界经济的联系尤其值得一提，他是美国旗昌行最大的客户，1836年旗昌行经营着他100万元的海外贸易，并从他那里得到 60 万—70 万元的贷款。伍浩官还曾投资美国铁路股票将近 50 万元。19 世纪 60 年代，伍浩官通过旗昌行投资美国债券，金额达 300 万元。[①] 十三行商人的富可敌国，反映了广州中西贸易的繁荣，也向世人展现了当时广州商人愿意并且有能力参与国际竞争的开放胸怀与巨大实力。

至近代，广东成为中国城市早期现代化"先行一步"和商人势力非常强大的省份，而近代粤商又是同中国资本主义的发生与初步发展、中国早期现代化关系最为密切的群体。从外贸商人，到兴办洋务、创办与经营新式工商企业的商人群体，再到经营百货业等商业活动的民国侨商，以及广泛参与政治的七十二行商人，近代粤商的经济活动、政治行为、商业理念和群体的命运浮沉，不仅与近代广州商业文化的发展互为依存，也成为观察整个近代广州经济历史、社会发展脉络和城市文化特点的一个绝佳窗口。

（三）现代粤商的崛起：改革开放中的粤商

1978 年中国实施改革开放，粤商依靠政策与地缘优势再得风气之先，凭借改革开放的先发效应，勇于开拓、敢冒风险，成为再次引领中国城市商业发展与开创经济繁荣的商帮典范。他们创办了大批现代工商企业，从早期发展"三来一补"企业、中外合资企业到创办个体私营企业，从搞活国有集体企业到探索股份制企业，无论产业升级或者企业制度变迁，粤商始终充当着先行一步的"探路者"角色。这一时期涌现出来两代粤商企业家：一是改革开放初期到 20 世纪 80 年代处于开拓期的第一代粤商；第二代是 20 世纪 90 年代政治、科技和文化领域内的一批精英从体制内走向体制外，俗称"下海"，这一代粤商注重商业模式和技术创新，创新力是他们成功的关键。

---

① 何思兵：《旗昌洋行与 19 世纪美国对广州贸易》，《学术研究》2005 年第 6 期。

(四) 现代粤商的转型：21 世纪至今

随着全球化进程的加快与竞争方式的升级，广东凭借政策和地理位置带来的发展优势日益减弱。此时，具有较高学历和先进管理水平的新一代粤商出现了，他们既继承了老一代广府商人刻苦勤奋、务实敬业、敢于开拓的传统精神，又在全球化大潮中接受了知识的更新，吸取了西方先进的管理思想和经营理念，强调品牌经营、善于整合资源、长于资本运营。一些重要行业，如广本集团、广州丰田、华为、腾讯、网易、格力等本土品牌成为享誉国内的优秀企业。

经历了 20 世纪 80 年代和 90 年代上半期的辉煌后，粤商目前开始出现衰败。为全国商贸流通中心的广东，面对着长三角地区的跨越发展，各地商帮的异军突起，以及外资商业企业的进入，粤商竞争压力越来越大，许多优势在逐渐消失。特别是 2008 年国际金融危机的爆发再一次冲击着粤商企业，大批珠三角中小企业倒闭，凸显出粤商企业面临转型升级的困境。

二 千年商都文化视域下的粤商文化

如前文已述，广州之所以能够历经两千年而不衰，与其自身优越的港口条件不无关系。广州"地际南海"，既伴随着中原移民的迁徙，受到中原传统文化的影响，又具有浓郁的海洋文明特点，同时由于长期作为对外交流的窗口，亦受到西风东渐的深刻影响。由此，广州这座城市在多元文化的交织互融中，也具有了多元化、复杂化的特点，即以汉文化为主体，南越本土文化为基础，并吸收了西方文化而形成一种多元的文化体系。中国传统儒家文化中的乡土、血缘、大一统、仁义、礼教等思想，和西方外来文化中民主、自由、包容、竞争、开放、契约精神等观念，都在这座城市的商业文化中得到了具体的展现。

而其中最能体现这种多元文化特点的，便是城市商业活动的经营者——粤商。

（一）地缘特点塑造的粤商文化优势基因——敢为人先、开放包容、灵敏变通

广州特殊的地理环境为粤商文化从基因上奠定了不同于其他商帮的特殊文化特质。海洋文化的融入，使得一开始以生存为目的的粤商，从诞生之初就具有了海洋文化崇商重利、冒险进取、内外开拓的精神特质。伴随海外贸易的不断拓展，粤商又得以利用先机，以开放包容的胸怀接受外来先进文化，同时又深受中国传统儒家文化的浸润，最终形成扎根于传统但又不为传统所束缚，开放变通、"和而不同"、"不同而和"的文化特质与特殊禀赋。

1. 敢为人先的开拓精神

著名的爱国实业家杜重远曾说："粤人性爽直，有胆略，到外经商，纯恃个人的冒险精神，政府无与焉。"[1] 广东因受西风熏染较早和毗邻港澳的地理优势，商品经济因素活跃，在商业意识萌发、近代观念传播与发展实业方面有着先天的优势。粤商具有典型的海洋文化特质，在经济、思想与社会等诸多领域开风气之先，他们凭借灵敏的商业嗅觉与头脑创办和经营企业，以敢于开拓与创新而闻名于全国。

十三行时期的行商是粤商的代表人物。早在十三行时期，广州对外贸易蓬勃发展，当时著名行商潘振承审时度势，在兼顾与马尼拉贸易往来的同时，他大胆把握商机，抓住了与东印度公司的贸易机遇，率先拓展了与丹麦、瑞典等国的外贸生意，并由此一步步构建了自己庞大的商业帝国。

近代以来，粤商敢为人先的开拓创新性体现在他们创办了

---

[1] 杜毅、杜颖编注：《杜重远文集》，文汇出版社1990年版，第40页。

第五章 千年商都文化视域下的粤商文化

中国第一批近代企业。在中国城市早期现代化发展中,其资本有相当一部分是由粤商所持资本转化而来的,不论是新式航运业,还是与航运发生密切关系的保险业,以及中国最早的自办专用铁路、电报总局、船厂、棉纺织厂、面粉厂、造纸厂以及近代矿业等。粤商比同时代的其他商人更早投资于资本主义企业,广泛创办贸易、航运、商业、保险、银钱、铁路、工矿、公用事业等领域的企业。如唐廷枢、徐润、郑观应等,利用丰厚的买办资本,投资于新式企业,直接催生了中国的近代工业文明,成为我国民族工商业的先驱者。如唐廷枢创办的企业有四十多家,涉及航运、矿业、铁路、医院、学校等领域,其中不乏在国内或地区内带有首创性的企业。徐润在新工矿业中的投资在全国名列前茅。郑观应参与创办和经营轮船招商局、开平矿务局、上海造纸公司等企业;郭甘章创办中国第一家商办船厂。

粤商敢为人先、开拓创新的特点,还体现在他们敢于在商业经营与制度上进行探索创新。如容宏起草了近代中国第一份资本主义性质的企业章程《联设新轮船股份有限公司章程》;唐廷枢参与创办众多企业,他认为经营商业需要"破除旧时痼习,采用新法,集国人之资、用众人之功,""初创一事,凡动一念,即能预知其结果,而竭力营谋之"。[①]

民国初期,广东的百货业发展领先全国,也离不开一代粤籍侨商的先行先试。当时的粤籍侨商从国外集资到香港和内地创办大型百货商店,采用股份公司的形式,创立了具备环球货品或专售国货的公司。在经营管理上,粤籍侨商敢于尝试引入西方的经营管理理念与方法,效法西方商业的第一次零售革命,运用近代先进管理技术,建立起优越的综合性服务环境和设备,如在中国商业史上首创分柜售货、明码实价、开票收款、定时

[①] 汪敬虞编:《中国近代工业史资料》第 2 辑下册,科学出版社 1957 年版,第 973 页。

营业、发放礼券等方式，并在百货店中安装自动扶梯和冷气设备以优化购物环境等。如1912年，马应彪在广州投资开设先施百货，以"始创不二价，统办环球货"为理念，以现代百货业直接推动了广州城市商业经济与消费文化的发展。1916年，侨商蔡昌、蔡兴在广州珠江之滨兴建8层高的南方大厦，开办当时全城规模最大的大新百货公司。郭氏兄弟在香港、上海创办永安公司，开创了中国商业经营的新纪元，他们从组织体例到经营管理上彻底摒弃了传统商业经营的弊端，从消费观念到消费方式树立了现代百货业的崭新形象。由于一大批海外归侨率先尝试在长堤开设商业机构，长堤在民国初年也取代传统的西关商业区，成为近代广州商业的模范区和"先行一步"的试验田。这些旅沪粤商之所以能成功控制中国早期的现代商业，就在于他们与南洋华侨团体保持了密切的金融联系，并善于学习、敢为人先、大胆创新。

改革开放以后，新粤商群体也继承了传统粤商"敢饮头啖汤"的开拓精神，对广州的经济腾飞做出了突出贡献，从中也铸炼出新时代的粤商精神。在改革开放初期，粤商冲锋陷阵，是"杀开一条血路"的排头兵，在探索经济发展模式、机制等各个方面，创造了一个又一个"第一"。改革开放后在广州诞生的第一批个体户，推动了中国私营经济的发展与社会价值观念的新变，如借锅开小食店起家的容志仁、第一个领牌执业的陈兴昌、开办"何植记鞋厂"的何炳父子，等等。

2. 开放包容的商业胸怀

广州地处沿海，得风气之先，不仅对外部世界有天然的敏锐度，也是吸收外部优秀资源最快、最高效的地方；从历史上看，广东社会也是最典型的开放融通和文化多元的社会，粤商更易于接受外来事物，善于吸收、模仿物质文明和精神文明成果，这些地缘文化特点铸就了粤商"海纳百川、有容乃大"的开放胸怀。

第五章　千年商都文化视域下的粤商文化

在"一口通商"期间，广州成为中国唯一的对外贸易港口，伴随停泊于金山珠海、天子南库的各国商船进入广州口岸的，不仅是令人眼花缭乱的各国商货，还有大量的西方文明资讯与信息。通过当时清政府特许经营对外贸易的机构十三行，广州本地洋行商人不仅掌握了垄断贸易的特权而迅速崛起，同时也成为中国第一批开眼看世界，与外国人直接进行商贸交流的商人群体。如果从创业学的视角来看，创业机会或"商机"无疑是一个重要的核心概念，商机的创造和识别是创业过程的核心，随后就是抓住商机的意愿与行动。[①] 先于他人发现并捕捉商机，是商业经营中一个重要的关键成功要素。为什么是某些人而不是其他的人识别出这些创业机会？美国学者 Shane 归纳出两个要点：（1）拥有率先掌握信息的信息先有权，依靠这些信息，创业者可以在大多数人没有得到该信息的时候先人一步做出准确的判断。（2）率先认识到机会的商业价值，把别人视而不见的创业机会牢牢地把握住。[②] 这一理论恰能解释何以粤商会成为当时中国最成功的商人群体，正是借助广州特有的地缘与政策优势，他们展现了接受与学习西方文明的开放胸襟，率先掌握了西方的先进知识、技艺与商业资讯，垄断了西方商贸往来的特权，并由此培育了敏感的商业嗅觉与良好的营商能力。

以十三行首商的潘振承家族为例，潘氏族谱记载潘振承早年便"往吕宋国（菲律宾）贸易往返三次，夷语深通"[③]。清乾隆时期在广州从事贸易的一位法国商人记载，"潘振承在马尼拉

[①] 杰弗里·蒂蒙斯、小斯蒂芬·斯皮内利：《创业学》，周伟民、吕长春译，人民邮电出版社 2005 年版。

[②] Scott Shane and S. Venkataraman, "The Promise of Entrepreneurship as a Filed of Research", *Academy of Management Review*, Vol. 25, No. 1, 2000, pp. 217–226.

[③] 潘祖尧主编：《河阳世系潘氏族谱》，第 65 页。

度过了他的青年期，在那里学会了西班牙语，并且皈依了基督教"①。据范岱克教授考证，潘振承青年时期曾为马尼拉的陈姓商人打工，学会了西班牙语，他能以流利的西班牙语给外国商人书写商函，在其后的经商过程中，他还能以英语、葡萄牙语直接与外国商人交流。②直至1735年潘振承随陈姓商人在广州开设洋行，获得了广州洋行工作的经验。潘振承还于1770年到过瑞典，因此被瑞典籍的航海家Charles de Constan称为"前水路运输家"。1760年，潘振承联合其他8家洋行商人向清政府呈请恢复设立"公行"，潘振承被清政府委任为"公行"首任商总，其后一直担任商总28年，是广州"一口通商"存在85年间出任商总时间最长的行商。这期间，他对外开拓市场，推动了同文行的蓬勃发展，使之成为广州十三行历史上最显赫的商行之一。潘振承早年的经历使他成为中国洋行商人中极少数到过国外的人士之一，他游历西方的经历与良好的外语水平，使他日后能游刃有余地与外商进行商业往来；其早年的洋行营商经历，也为他其后创设同文行打下坚实的基础；他思维开放、视野广阔，善于接受新生事物，吸收西方先进的商业文化，他开阔的胸襟与拓展商业的魄力使同文行业务顺利拓展，并迅速赢得外商的信赖。

潘振承之子潘有度后来成为继承潘家生意的重要人物，他与其父一样也是一位善于向西方学习，并勇于接受新生事物与观念的商人。1793—1794年马戛尔尼出使中国时，描述潘有度"是一个精明有概念的人物"，"他表现得对英国十分尊重，而且毫无保留地宣示他愿意尝试交易任何我们商馆要他去尝试的新

---

① Weng Eang Cheong, *The Hong Merchants of Canton: Chinese Merchants in Sino-Western Trade*, 1684—1798, London: Curzon Press, 1997, p. 160.

② Paul A., Van Dyke, *Merchants of Canton and Macao: Success and Failure in Eighteen Century Chinese Trade*, Hongkong University Press, 2016, p. 61.

事物"。① 潘有度还在他的居所南墅中收藏了许多当时最佳的世界地图与航海图，这些地图与航海图的原件是由外国商人与航海家带到中国的。潘有度将这些地图收藏起来，自己仔细描绘，并在英文地名旁边标注上国家、大城与海港的中文名字。这显现出他对于西方世界有着强烈的兴趣与渴望了解的欲望。除此之外，潘有度还收集了一些罗盘，当他想与人讨论外国事务时他就将之拿出来展示。他还能与他的贵宾讨论拿破仑战争，这足以证明他对于欧洲时事的关注与理解。他还非常关心英国的话题，知道当时的英国国力强盛，并且在印度开疆拓土。这些史料记载都可以看出潘有度不仅是一位进取好学的商人，而且他思维灵敏，涉猎广泛，对西方文明表现出了相当开放的接纳度。

3. 灵敏变通的营商之道

由于长期成为中国最活跃的对外通商口岸，直接受到西方文化的影响与各种资讯的冲击，使得粤商形成精明灵活、懂得变通、讲求实效的营商之道。

十三行商人对西方文明的接纳与强烈的求知精神，使他们或多或少比同时代其他地域的商人更能准确掌握时代脉动，以灵敏的商业嗅觉成功掌握贸易先机，并做出适当的决策。潘振承经营同文行时，以其敏锐的商业嗅觉与眼光，选择了英国和瑞典作为长期的主要贸易伙伴，并与之保持了持续稳定的贸易关系，1771年英国东印度公司与他签订了购买武夷茶9000担、屯溪茶和松萝茶各2000担的合同，这是一笔巨额贸易，此后同文行的对外贸额始终在稳步上升，长期居于同行之首。潘家的后代潘仕成，步其父潘正威（潘振承的堂兄）的后尘，涉及商业贸易，成为行商。当时，广州十三行已经面临发展困境，十

---

① Macartney, G., Cranmer-Byng, *An Embassy to China: Being the Journal Kept By Lord Macartney During His Embassy to the Emperor Ch'en-iung*, 1793—1794, ed. J. L. Cranmer-Byng, London: Longmans.

三行的大部分洋商因中英交战而元气大伤，但潘仕成却在战争不利的情形之下，慧眼识得商机，在经营其本业盐业的同时，大力承办军火，帮办洋务，建造船厂和火药厂，从而在战争期间累积了大量财富。

同文（孚）行的成功除了讲求诚信，还归功于与外商建立了互利互助的商贸关系。潘振承等行商以其圆融的处世哲学成功地周旋在清廷与外商之间，精于权谋又善于变通，既"输诚朝贡"，也为外商排忧解难。例如，潘振承曾成功争取官方的支持，帮助荷兰商人及时抢救一艘搁浅商船的货物，使他们避免了灾难性的损失，这次事件得到了官方的批准和必要的帮助，潘振承也由此得到了外商的信任，为他其后的经商活动打下良好的基础。同时，潘振承也善于在清政府与外商之间进行调停，他进退有度，灵活地周旋于政府与外商之间，东印度公司曾这样评价他："他的能力以及他和官员的关系，使得他成为这里最有用的人。他调度得法，是最可靠的商人。"[①] 外商获得潘振承的帮助后，也乐意把优质货品优先卖给他以做回报，这种互利互助的良性商业循环使同文行的对外贸易取得了巨大成功。

近代以来，粤商投资现代工商业，也以灵活变通的营商之道而著称。如容子名祖父为香港渣打银行首任买办时，"以学识优长，英明精干"闻名，任买办二十余年，最终成为香港巨商。经营百货业的粤商，他们不因循守旧，而是极为善于学习和活用西方管理知识，以达"日新又新"的境地，最终开创了中国商业领域的若干第一。

（二）传统儒家文化与西方文化共同形塑的粤商文化核心特征——诚信务实、义利兼顾、注重血缘、合作共赢

岭南地区远离中原政治文化中心，中央政府对岭南地区控

---

① Paul A., Van Dyke, *The Canton Trade*, Baker & Trade, 2006, p.87.

制较为宽松,大量中原流民为求生而迁徙至此,其中必然包含相当一部分具有较高文化程度、深受儒家文化影响的士大夫群体,他们南迁的同时也给岭南带来了以儒家文化为主的中原正统文化的影响。直到当代,广东地区都被公认是儒家传统文化保存较为完好的地区。因而生于斯、长于斯的粤商文化,必然根植于儒家文化,并体现出强烈的儒商文化特征。儒家的商业伦理思想可以概括为十六个字:"仁者爱人、先义后利、尚中贵和、诚信为本";简而言之,就是"仁、义、和、信"四个字。这四个字,既是儒家文化的精髓,也成为粤商的精神特质。粤商文化一直秉承"重仁义""以和为贵",对内讲"和气生财",对外讲"和平友好"。由此,中国儒学文化中的和谐精神,与因对外贸易而接受的西方文化中竞争和开拓的精神结合起来,成为粤商区别于中国其他地区商帮所具有的独特的文化特质,对粤商群体的精神气质与价值理念产生了深刻的影响。

1. 诚信务实

从"一口通商"时期开始,粤商成为中国最早一批建立商业契约精神的商人群体,商贸交易完全凭借口头约定而非书面契约,恪守承诺与合同,注重与生意伙伴之间的互助、合作,是广州外贸商人最原始最本质的商业作风,这种建立在传统文化基础上,又吸收了西方现代商业契约精神与思想的信用观念,随着广州近代商业经济的发展与商业文明的传播,而逐渐超越道德范畴演化为一种中西融合的近代商业精神,[①] 不但规范了粤商的经商活动,也在很大程度上推动并保证了广州对外贸易正当有序地发展,更加有助于广州这座对外贸易城市在西方人心目中树立良好口碑与正面印象。

"一口通商"对外贸易使广州成为最早参与国际贸易的中国城市。以十三行行商为代表的这批中国最早与西人进行对外贸

---

① 林济:《潮商》,华中理工大学出版社 2001 年版,第 165 页。

易的粤商，得以有机会充分了解西方，并积极向西人学习，游刃有余地与外商进行商贸往来，建立互助合作的商业联系。考察当时十三行行商的营商之道，可发现诚信经营的契约精神是其能与外商成功合作的关键因素。

　　以潘氏家族为例，儒家伦理观的诚信之德，充分体现在同文行的经营当中。商品价格的制定是当时行商获利的重要手段，但潘振承在和外商进行商贸交易时，会客观地根据双方的货品数量、市场存货量、商品品质等多方面来平衡进出口的商品价格，力争做到公正合理，他诚信务实的作风取得了外商的充分信任。例如，1768年9月，潘振承到商行告知英国东印度公司的商人，他尽了一切努力使棉花的定价尽量优惠，公行本来要把棉花的价钱定为每担10两，但不能成功，最后定了每担11两。另外，他告知外商，运来的铅太多了，因而无法提高铅的价格，他建议他们以每担4两的价格出售。按理，外商很容易会误认为潘振承抬高中方商品价格，压低外商运来的商品价格。但事实上，英国东印度公司在汇报完这件事之后这样评价潘振承："我们必须公正地评价启官，他在和我们贸易的整个过程中都是诚实的。"如此中肯的评价反映了彼此之间的信任。乾隆四十八年（1783年），潘振承对英国东印度公司董事部退回的1402箱武夷茶如数进行了赔偿。据东印度公司职员记载，当时退回的茶叶包装损毁，已无法确定茶叶是同文行的，但在这种情况下，潘振承顾全大局，退赔废茶，虽蒙受了较大的经济损失，但赢得了商家信誉。同文行此举实为诚信经营的示范，石琼官（Shy Kinqua）、伍浩官（Howqua）等行商也纷纷效仿潘振承退赔废茶的做法，使诚信经营之风得到了推广。

　　美国学者马士（H. B. Morse，1855—1934年）对十三行进行了大量研究，在《中华帝国对外关系史》中对这种诚信的商业关系推崇备至："他们双方都有一种商业道德和诚实无欺的声誉，在世界的任何部分和世界史的任何时期，都还不曾有过超越他们之上的；彼此间有很多的互助与同情。"① 行商总是忠实地履行承诺，避免甚至是杜绝毁约事件，这样一来外商便无须考虑货物的质量和数量，连亨特也感叹道："作为一个商人团体，我们觉得行商在所有交易中，是笃守信用、忠实可靠的，他们遵守合约、慷慨大方。"②

近代粤商也以务实诚笃的作风著称。永安资本集团的郭氏族人是百货业的翘楚，郭泉就其创业成功的经验之谈云："待人接物，务须谦让诚恳；处事应变，必求勇毅忠心。勿贪意外之财，勿逞口腹之欲。只可助人，不可损人；只可救济人，不可嫉妒人。营商处事，修身治家，事同一理。"③

2. 义利兼顾

粤商经商活动中也渗透了儒家思想和理念，他们在商贸活动中体现出的儒家文化突出表现在其义利观中。儒家思想一向倡导"重义轻利"，尽管粤商受中原正统思想束缚较少、较早接受西方资本主义思想，但他们能将两种价值理念互为融通地吸收与内化于其精神气质与价值理念之中，在其经商活动中既坚守儒家的仁义，却也并不因此而放弃对正当利益的追求。由此，粤商逐渐形成了"义利兼顾"的商业理念，其基本内涵是商人在逐利的过程中要讲仁义道德，要有道德底线；商人在经营获利后，要将一部分盈利反哺于社会。

儒家传统的"义利观"强调不能只追求一己之利，还要兼顾整体的利益。这种传统价值理念在十三行行商的营商活动中有充分的体现。纵观潘家三代行商，他们均没有把商场变作你死我活的战场，而是尽可能协调避免价格上的恶性竞争，使各

---

① ［美］马士：《中华帝国对外关系史》第 1 卷，张汇文等译，上海书店出版社 2006 年版，第 94 页。

② ［美］威廉·亨特：《广州"番鬼"录》，冯树铁译，广东人民出版社 1993 年版，第 29 页。

③ 李承基：《澳资永安企业集团创办人郭乐与郭泉》，《中山文史》第 52 辑，政协中山市文史资料委员会 2002 年版。

行商之间能维持彼此共存、互利共赢的生存环境。1768年，由于行商石康官和瑛秀拒绝按过去承销毛织品的1/4，作为商总的潘振承为维护大局，承诺将由自己承销剩余部分的滞销品，这体现了潘氏作为商总勇于承担，并以行商整体发展利益为大局的开阔胸襟与魄力。[1] 另外，行商受儒家思想熏陶，在商业行为中也表现出极强的道德自律性。1781年，东印度公司向中国倾销鸦片，尽管鸦片贸易可带来巨额利润，但潘振承深知鸦片会给国家社会带来恶劣的影响与深重灾难，毅然拒绝了经营毒品贸易。[2]

粤商受儒家传统文化的影响，还表现在他们在经商营利后，积极资助文化与革命事业，回馈社会所需。十三行行商除了自办家塾聘师教授家族子弟读书外，还以部分商业资本投资广州兴办学校。清廷于康熙年间（1662—1722年）取消书院禁令后，于乾隆二十年（1755年）联合行商共同捐建位于布政司后街的越华书院。广利行行商卢观恒要求其子卢文锦回原籍家乡新会县城，投资兴办新会紫水义学。此外，十三行行商致富后，还以相当数量的商业资本投资刊刻图书，积极参与当时的文化传播与普及事业。史载"二百年来，粤东巨室，称潘、卢、伍、叶。伍氏喜刻书，叶氏喜刻帖"。所谓"伍氏喜刻书"之"伍氏"，即怡和行商伍国莹家族，刻书者是伍国莹之孙伍元薇（伍秉鉴三子，1809—1863年），又名伍崇曜，商名伍绍荣，是怡和行商第三代中最后一位浩官。他年轻有为，23岁时与父亲伍秉鉴、兄伍元华（商名受昌）共同主持怡和行务，之后又单独主持怡和行20年（1843—1863年）。伍元薇商而好儒，喜于与文

---

[1] Hosea Ballou Morse, *The Chronicles of the East India Company Trading to China*, 1635—1834, Vol. V, Harvard University Press/Oxford Clarendon Press, 1926 – 1929, p. 142.

[2] 张西平主编：《中国丛报》，顾钧、杨慧玲整理，广西师范大学出版社2009年影印本。

人学士结交，勤于搜书买书、藏书，于道光十一年（1831年）至同治二年（1863年）间投资聘请谭莹搜书校书和刊刻图书文献，刊刻《粤雅堂丛书》，将广州的刻书（出版）文化事业推入鼎盛时期。据统计，伍崇曜投资刊刻的图书总数有256种共2261卷之多。

至近代，民国时期的粤商又以捐资革命的方式投身爱国事业，拯救民族危亡。早在孙中山领导的国民革命早期，粤商对革命党人的资助就不计其数。推翻清王朝之后，在艰难的民国建设历程中，粤商一次又一次支持孙中山建立共和制度、建立黄埔军校、实行北伐、国共合作等。粤商因从事对外商贸活动，比较了解欧美的民主制度，渴望中国尽快建立民主与和平的发展环境，他们满腔热情地支持孙中山的各种探索与努力，一些商人甚至为此倾家荡产也在所不惜。

3. 注重血缘，合作共赢

受儒家文化的影响，粤商特别注重乡土家族与血缘亲情，并以此为基础形成极强的乡族凝聚力。粤商商帮善于在各地建立会馆或同乡会，联络乡谊，并从事互济性、公益性的事业。据日本学者川胜守指出：广东人在京、苏、沪之会馆活动领先于其他各省商人。据统计，在上海119所同乡会中，广东籍组织的有17所，占14.28%，仅次于江浙籍而居第三位。[①]

注重"三缘"（地缘、亲缘、业缘）纽带成为许多粤商家族企业的传统。在各地粤商所创办的企业里，子承父业，亲族相帮，形成颇具凝聚力的经济共同体。如南洋兄弟烟草公司和上海永安纺织公司在人事安排上，都非常强调家族关系，重要的职位优先安排家族和亲族中的人，其次是广东老乡。连选派学生、培养干部等，也常以同乡为主。著名的四大百货公司也是如此，公司内部人员之间都有同族、乡土关系，内部职员是自

[①] 参见郭绪印《老上海的同乡团体》，文汇出版社2003年版，第6、51页。

己的子侄、同族的族人，或同乡人，或是直接、间接的亲友。基于这种联系，他们在工作和生活中得以"守望相助，疾病相扶持"。上海永安公司创办时，郭乐把五十位广东同乡带到上海，占了永安百货公司大多数的主管职位。上海香亚化妆品公司创办人郑藻森、刘电生等也系粤籍华侨，公司职员亦多粤人，"富有同乡性质，利不外溢"①。郑伯昭主持的永泰和烟草公司所雇用的职员几乎清一色来自广东故乡。上海先施、永安、新新和大新四大百货公司位于同一条马路，都经营环球百货，但彼此却能保持和平竞争。大胆敢闯的粤商骨子里有深厚的人情伦理，他们在商场上互相帮衬，有效地规避了恶性竞争，建立了团结互助的精神纽带，比如当时永安和先施公司的礼券可以通用，而且四大百货家族长期以通婚的方式维持良好的合作关系。

三 粤商对构建千年商都文化软实力的历史贡献

（一）敢为人先、敢于开创的粤商文化，推动了中国早期现代化的发展，建构了千年商都商业文化的根基与特质

中国传统文化缺乏开拓冒险、拼搏竞争的精神特质，而特殊的地理环境却使得粤商文化带有典型的海洋文化特质，即冒险进取、敢于开拓，富于创新精神。正是由于有着与西方人进行商贸往来的丰富经验，以及"筚路蓝缕""披荆斩棘"的进取精神，粤商助力广州成为中国对外商贸交流窗口，并推动中国早期现代化发展的最重要力量。

十三行时期的粤商就大胆把握商机，利用通商口岸的便利，率先拓展了与西方各国的外贸生意，并由此一步步构建各

---

① 《香亚公司制造参观记》，《申报》1926年3月10日。

自庞大的商业帝国。近代以来，粤商又引领风气之先，率先在广州开办了许多现代工商企业，成为带动现代行业发展的楷模：如广生行开了中国化妆品业之先河；广东烟厂宏济烟草公司在我国始创机器卷烟；粤商陈启沅于1873年创办近代中国第一家商办机器缫丝厂；粤商简照南创办南洋烟草公司；粤商郭东、郭泉兄弟创办永安百货公司，开创中国商业经营的新纪元，随后又积极转向企业，接连创办了纺织、印染、纺织机械等企业。更有一大批粤商通过香港、广州、上海等通商口岸，将商业分支机构逐渐开拓遍布于国内各城市商埠，经营规模不断扩展，为整个中国现代工商业的起步与发展发挥了不可替代的作用。

粤商所具有的这种独特的海洋文化特质，顺应了中国早期现代化的趋势，在很大程度上承担了工业化和城市化的发展重任。他们最早或较早地进入了轮运、采矿、纺织及机器制造等近代行业，并率先使用资本主义的生产方式（包括先进的设备、技术、经营管理理念），因而成为致力于中国早期现代化发展的先驱。可以说，广州能成为世界唯一两千年历久不衰的著名港口，离不开一代代粤商秉持的这种独特的精神气质与历史传承。他们敢为人先，勇于开创的文化精神、商业实践和成就，从根本上建构了广州千年商都商业文化的根基，并赋予这座城市重商务实、开放创新的文化气韵与风貌。

（二）粤商文化将传统儒商文化与西方契约精神相结合，为千年商都规范化、有序化营商环境的建构提供了优良传统与发展动力

从"一口通商"时期开始，粤商就成为中国最早一批建立商业契约精神的商人群体。他们将传统儒商文化中的义利观与西方契约精神进行适度的融合，取二者之长，形成了独有的商业作风。商贸交易恪守承诺与合同，注重与生意伙伴之间的互助、合作，这种建立在传统文化基础上，又吸收了西方现代商业契约精神的信用观念，随着广州近代商业经济的发展与商业文明的传播，而逐渐超越道德范畴演化为一种中西融合的近代商业精神。[①]

这种由十三行时期就形成的商贸传统与精神理念，为这座城市逐步构建起规范与有序的营商环境提供了优良传统与发展动力。时至今日，广州仍然是中国营商环境最为优良的城市，并被冠以"投资之城"的称号。早前，粤港澳大湾区研究院发布的《2017年中国城市营商环境报告》显示，广州营商环境位列中国城市第一；华南美国商会的《2018年中国营商环境白皮书》则将广州评为中国大陆最受欢迎的投资城市。营商环境是社会文明程度的重要标志，其意义远远超越经济领域，关乎所有的企业和全体社会成员，需要全社会自上而下形成一种精神理念与历史传承。如果社会成员普遍缺乏契约精神，商业欺诈、假冒伪劣等现象泛滥，必然损害企业与企业、企业与消费者、人与人之间的信任关系，造成巨大的社会交易成本，受损的将是全社会。由此，营商环境的建立不仅需要法规法则的规范，更需要深厚的历史积淀和传承，需要社会公民自身，特别是本地商人群体构建的深层次的精神认同与信仰理念。

历史上的粤商群体，通过与西人进行对外贸易，并积极向西人学习，将西方契约精神运用于商业实践中，同时坚守儒家文化的仁义观，却又并不因此而放弃对正当利益的追求。正是粤商灵活地将这两种文化观念适度融合，互取优长，最终形成了中西合璧、既具传统风范又显现代精神的商贸理念和精神传统。这一传统为后世一代代粤商所继承与发扬光大，最终成为粤商群体的一种集体认同与精神信仰，为这座千年商都优良营商环境的建立提供了深层次的精神传统与历史发展动力。

[①] 林济：《潮商》，华中理工大学出版社2001年版，第165页。

(三) 粤商善向外开拓发展的全球化视野与精神特质，推动了地域经济和粤商跨国商业网络的发展，形塑了千年商都外向型、国际化的商业文化特点

广州在历史上是高度国际化的商业城市。远洋航线的开辟和拓展，将广州与世界各地紧密联系在一起；商贸活动的繁荣，也带来大量外来人口的涌入和外来文化的交融。两千多年几乎未曾间断的对外开放，造就广州特有的海纳百川、开放包容的社会文化环境，这也成为孕育本地商人具有国际化、全球化视野与精神气质的文化土壤。

由于广东毗邻港澳，又是华侨最多的省份，素来商业气氛浓厚，粤商向外发展的特色非常突出，呈现与中国其他商帮不同的开放包容的文化特质与全球化的发展视野。粤商所具有的这种独特的海洋文化特质，顺应了中国早期现代化的趋势，在很大程度上"先行一步"地承担起工业化和城市化的发展重任，成为致力于中国早期现代化发展的先驱。粤商表现出的全球化视野，还体现在粤商成为中国最早放眼世界，向全球实现商业拓展的商人群体上。如在香港开埠不久，广州府一带的行商和富户即纷纷前去设栈经营，拓展业务。广州百年老铺何凤池号于19世纪60年代创设港栈，从事精刻华洋招牌匾额业务；广州朱广兰号于70年代在香港设号，经营熟烟出口；此外还有手工制作的广州万隆、济隆糖姜厂等建立了香港工场。19世纪50年代之后，由于华人进入澳门，成为当地社会的主体，富裕华人很快掌握了澳门经济的主导权，成为当地社会经济活动中的主体力量。随着华商经济的迅速发展，以粤籍商人为主体的一批在当地颇具影响的华商家族不断涌现，他们以博彩业、茶叶贸易、土洋杂货及针织品等产业，在澳门的社会经济活动中占据了举足轻重的地位。

除了向港澳拓展之外，粤商还广泛向上海、南洋、日本等地拓展业务，并产生了别具一格的企业横向联合体，即跨不同

性质区域的粤商联号。如清道光年间的朱广兰号先后在江门、香港、澳门、檀香山、新加坡等地设立分支店或厂场达二十多处；广州粤生机器厂的分支店远至南洋及南部非洲；最突出的例子是大型百货公司，如永安公司相继在香港和上海建立联号，其辐射范围远及华南及南洋一带。这些粤商联号建立的商业营销网络深入拓展到中国内地及世界各地，活跃了海内外的华资经济。

粤商通过在海内外各地设分厂和分行，寻求代理等多种方式，对包括港澳、内地乃至国外众多地区的广大市场铺设营销网络，尤其以香港为联号商业网络的重要基地，为粤商开拓国内外市场发挥了特殊作用。这种在商埠城市与周边城镇设立联号，在各通商口岸以及海外遍设联号的方式，也有效地构建起经济枢纽与腹地之间的商贸金融网络，推动了地域经济和粤商跨国商业网络的发展。

更为重要的是，时至今日，广州依然是中国外向型经济特点最为突出的城市。这与历史上粤商的国际化、全球化的特质密切相关，粤商文化的这一显著特点，直接形塑了千年商都外向型、国际化的商业文化特点。与此同时，由于籍贯、方言、习俗及历史等方面的因素，粤商有不少人兼有港澳商人、华侨商人的身份，他们在广泛联络海外侨胞，沟通国内与海外华人市场，以及融合海内外华资力量方面，都发挥了巨大的作用。

（四）粤商对地方社会公益事业的突出贡献，培育了千年商都"商"与"儒"相结合的商业文化特质，为岭南地区保护与传承中华传统文化发挥了重要作用

粤商由于受中国传统儒家文化的深厚影响，具有爱国爱乡的传统观念与深刻共识。对粤商来讲，国与家（乡）是牢不可破的同一概念。"爱国观念，以爱乡为基础，扩而充之，以成社会而立人群。"受这种观念的影响，他们在经商营利的同时也积极资助地方社会的文化、公益与政治活动，回报乡梓、反哺社会。

粤商对地方社会文化事业做出了巨大的贡献。以潘振承为代表的十三行行商，凭借对外贸易取得巨额利润之后，就开始积极资助地方文化与福利事业，如捐资助学、著书刊印、培育人才；而他们在发展地方文化事业的同时，也完成了自身儒商化的过程，许多行商家族成功转型为书香世家，许多行商本身也成为精通诗文绘画、鉴藏艺术的传统文人，如从潘有原至近代诗界革命之先行者潘飞声，一门有集，六世工诗，诗才之盛令人惊叹。

粤商对地方公益事业的贡献，表现在他们顺应时代潮流，既以儒商的身份保持中国传统文化，又勇于领潮接纳西方文化，使具有近代意义的西方文化得以传入广州，并推动中西文化在各方面的交流与合作。如十三行行商在发展对外贸易的同时，还充当了引进西方科技人才的桥梁，多次向清廷举荐精通钟表修理、绘画、医学、天象等方面的西方人才。此外，在行商潘有度的推动下，广州引入了牛痘的接种技术，使我国首开种牛痘防天花的先河，避免了天花瘟疫的蔓延，对保障国民健康起到了重要作用。十三行行商还将铜版画、西洋戏剧等西洋艺术形式，以及钟表、温度计、观星镜等西洋新式物品引入中国，不仅丰富了中西物质层面的交流，还令时人得以"开眼看世界"，丰富了中西文化观念层面的碰撞与融合。

粤商受儒家传统文化的影响，还表现在他们在经商营利后积极资助革命事业，推动社会与政治改革。粤商因从事对外商贸活动，对欧美的现代民主制度有所认识与了解，也渴望中国尽快建立民主与和平的发展环境。民国时期的粤商以捐资革命的方式投身爱国事业，对革命党人的资助不计其数。推翻清王朝之后，粤商又支持孙中山建立共和制度、建立黄埔军校、实行北伐、国共合作等。

粤商对社会文化事业的贡献，推动了岭南乡邦文化的保存与发展；他们主动学习和传播西方文化，积极捐资革命，又推动了岭南以及整个中国的城市近代化历程。他们对社会公益与文化事业的热衷，并非单纯地结交士林、推行慈善、附庸风雅，而是身体力行地践行"儒商"职责，这深刻体现了粤商将"商"与"儒"相结合的独特的文化特质。"儒商"的文化特质也使粤商超越了对外贸易商务实体的身份，而同时成为岭南乡邦文化的守护者和西方文化的推广者。这一双重身份的实践与融合，也培育了千年商都"商儒"相结合的商业文化品性，为岭南地区保护与传承中华传统文化发挥了重要作用。

四　粤商文化的内在缺陷与现实困境

自一口通商时期开始，粤商便成为推动中国经贸发展与对外开放的重要群体，在中国社会的历史发展进程中发挥了巨大且不可替代的作用。时至今日，粤商仍然是中国具有特殊影响与独特特质的商帮。然而，进入21世纪以来，粤商的发展实力与影响力在全国业界遭遇了严重的下滑趋势。而且，粤商群体面临当前国内外商业企业大扩张所做出的"滞后"反应，并不是某一家企业的偶然现象，而是整体性的现状与趋势。何以有着千年商都辉煌历史，有着敢为人先的开拓精神与灵敏变通的营商之道的粤商群体，会在新一轮商业大扩张中表现出对商机把握的"集体失措"和"严重不适"呢？由此，面对粤商当下面临的困境，实有必要对粤商文化的局限性和弊端进行检讨与反思。

千年商都的历史文化积淀，使广州这座城市具有强烈的商、新、实、活、变等城市文化特征，这不仅塑造了广东人的性格气质，也铸就了粤商的文化特质。但同时，商都文化的特点也具有多重性与复杂性，它既造就了粤商自身独特的个性与特征，其内在缺陷也给粤商文化的发展带来了一系列的制约因素。

（一）稳健有余、保守过度

广州千年商都文化由于特别强调"商"与"实"，使商都文化在某种程度上具有急功近利的特点，它着重于指向当下的实效、功利，因此总是力求稳健，较为单纯地追求短期利润最大化，不愿意从长远的角度考虑自己的生存和发展。

在晚清时期，创办与经营新式工商企业的粤商对广州城市早期现代化的发展做出了极大的贡献，但是至20世纪20年代，广州越来越缺乏较有远见与魄力，且具有全国影响力的大企业家。1912年，军政府的《广东劝业有奖公债》说，"我粤富商大贾，年中经营收入，最喜系购置田产"；"我粤商民，却有一种通病，就是只能经营小工业，不能建设大工场；能牟本国人之利，不能牟外国人之利。所以利源日绌，生计日就艰难"。[①] 清末，广东通过因地制宜发展蚕丝业而取得了经济的快速发展，但是到了民国，广东商界却未能开拓出新的经济领域，在近代工业的发展上落后于上海、天津、武汉等地。曾在清末爱国运动中有过出色表现的广东商界，进入民国时期以后，在政治上也日趋保守。从总体看，广东商界的经济状况较之清末没有根本的变化，他们的思想意识也大体维持在清末的水平，在民国初年广东的社会变革、政治革命中，商人的保守性有时甚至成为社会发展的阻力。

至当代，尽管改革开放中一批粤商以敢为人先的开拓精神闻名全国，但在逐渐失去政策优势的庇护之后，粤商的逐利倾向与实用主义特点，开始成为制约自身做强做大的主要障碍。相比后来崛起的浙商等群体，许多粤商不愿意钻研技术、开发

[①] 《广东劝业有奖公债》，《民生日报》（广州）1913年1月18日。

产品，仍停留于购买专利生产产品的获利途径，从而造成产品附加值低，产品结构不合理等现象。相当部分民营企业具有较强的技术能力，先进的设备，但他们宁愿为别人加工"贴牌"产品，也不愿意精心打造自己的品牌。"粤商"这种过于稳健保守的个性，导致他们在面临转型时，出现决策保守、视野狭隘、战略判断不准确等问题。他们只能在一隅之地守住自己的本业，却缺乏准确判断时局、把握战略大势的能力。这就是在1997年之后中国商业实现全国大扩张的最好时机时，粤商们未能借助"先发优势"乘胜直追，谋取全国市场的关键原因，也是导致粤商未能借助资金实力、早期经验和积淀的品牌价值来进行资本运作而抢占中国商业制高点的软肋所在。[1]

（二）务实过头、务虚不足

岭南文化传统中带有客家迁徙流放文化的浓郁色彩，同时由于长期远离中央政权，亦带有强烈的依靠自身努力、自我保全的文化特质。这反映在粤商个性中，就形成了一种"少惹是非，只求平安"的文化心态，以及"讲求务实""不事张扬与虚浮"的特点。粤商的这种个性和风格造就了自身的矛盾：一方面讲求务实、不外露、谨慎、实干，使"粤商"普遍在压抑或不成熟的环境条件下能够生存和成长，呈现出相当强的稳定性和生存能力；但与此同时，"粤商"又容易过度务实，对急速膨胀的市场和产业的巨大变化反应迟钝；重短期利益，轻长期后劲；重战术、轻战略。

粤商往往过于关注眼前所能实现的利益，至于企业形象、品牌宣传、战略布局、阶段推进、资本运作等战略行动则不够重视。这种风格导致的结果就是：全局性的行业短视、对行业成长缺少一种共同的责任心。而正是由于这种个性使然，粤商

---

[1] 王先庆：《试论现代粤商的个性特征及其对外扩张问题》，《商业经济文荟》2006年第6期。

大多敢于进行从无到有的尝试、开拓以及生存，但发展成长到一定阶段和程度后，就停滞不前，或者走下坡路。最明显的例子就是，在全国各主要省市商贸零售业实行向外大扩张时，"粤商"们却普遍无动于衷；再比如广东作为中国商业第一大省，却又是全国商业类上市公司最少的省份之一，不及一个武汉市多，更无法与北京、江苏、上海相比；相比于浙商，粤商企业并购案例也十分有限，而且能让本地企业走出广东，扩展到其他城市的也不多。与浙江的民营企业相比，"粤商"企业还有很强的"环境依赖性"或者说"地域依赖性"，他们很难脱离"乡土"这个地域空间以及这个空间所包含的各种环境性因素，如劳动成本低，自然资源廉价，可以享受地方政府各项优惠政策，比较容易建立各种政策外的非正式关系等。但是，没有专业化和跨地区经营，"粤商"企业永远不可能屹立于世界大企业之林。

此外，粤商过于务实，不事张扬的风格，也使他们容易忽视形象宣传和品牌包装推广以及企业价值的发现。粤商讲究"低调务实""闷头发大财"，主张"财不外露"，这种特质非常有益于粤商在商品供不应求的工业化初期或产品经济时代积累财富，但过度地坚持低调路线，就无法适应工业化中后期市场已经完全转型，以及商品供过于求成为基本特征的大环境。相比于后起之秀的浙商，粤商更多的是闷头做事，而对产品与企业的品牌宣传推广不够重视，因此，在品牌意识、战略、策划、推广、运作、输出等方面普遍较弱，品牌价值的挖掘和提升更是被淡化。这些年来，广东"老字号"企业很少像北京全聚德、同仁堂等企业那样在全国扩张，广州百货、餐饮等都很少走出岭南，问题就出在品牌宣传和运作上远离市场。在现在这个争夺眼球的时代，默默无闻的企业永远不可能是合格的现代企业。

（三）管理落后，单打独斗

从十三行行商开始，受到儒家文化深刻影响的粤商就以家族经营的模式开展经商活动。时至今日，粤商企业家族制仍占多数，企业主同时掌握着企业的经营权和所有权。如果说在企业创业初期，这一制度还能基本适应企业发展的要求，但随着企业规模的扩大、管理工作的日益复杂、专业化分工趋势的日趋明显，这种企业主权力至上的管理体制必然会导致企业主排斥现代管理理念。家族式的管理造成"粤商"企业难以建立起现代企业的管理制度。家族企业的弊端还在于"用人唯亲"的机制造成"粤商"难以招徕和挽留人才。因为对家庭的高度认同会大大淡化对制度、契约、规范的认同，直接影响"粤商"企业建立公正科学透明的用人准则与规范。随着企业的发展，这种用人机制的局限性暴露出的弊端越来越明显，进而严重阻碍粤商民营企业向现代企业制度的过渡和转换。

此外，粤商由于以家族经营模式为主，加之相对缺少外部支持和合作，长期靠个人奋斗或自身努力，导致粤商中鲜有出现积极主动的战略联盟式并购或合作案例，也很难找到大兵团作战式的对外扩张经验。几乎所有的粤商都是在进行艰苦的个人奋斗，凭借着单个人或家族的努力而"打拼"，极少以联合联盟等方式进行扩张和发展。这就导致粤商企业受实力和思路限制，很难有更广阔的发展空间与大的战略布局，容易出现在同一城市或区域过度竞争和资源过度消耗的局面。相比较而言，近十年以来，"浙商"中的"温州商人"和"宁波帮"以同乡扶助、团结合作的模式，勇于向外开拓，打造了很多成功的企业。而"粤商"却一向追求孤军奋战式的"个人英雄主义"，尤其是零售、酒店、餐饮、批发市场等企业间的合作相当稀少，与"温州商人"那种抱团打天下的盛况相比，"粤商"之间的不合作已成为他们"多而不强，强而不大"的主要因素。如何走出这种与现代企业经营理念格格不入的缺少团队的合作状态，成为考验整个珠江三角洲经营环境优化以及企业升级转型的关键问题。

第六章　对千年商都文化的理性反思

广州作为中国历史最悠久的商业都会，历经两千年而绵延不断，国际影响日益扩展，不但在中国历史上独一无二，就是在世界历史上也罕有其匹。海外贸易给广州带来了繁荣昌盛，但鸦片战争撞开了中国的大门，五口通商后仅仅十余年，广州外贸的首要地位便被上海取代，两者的差距不断拉大，一时间广州失去了昔日的耀眼光华。

广州这座有着千年商都之称的最具开放通商历史传统与优势的城市，何以在近代以后新的开放格局中命运不济？为什么广州无法利用原有的开放优势继续发展，而是出现优势失落、地位下跌的局面？本章将对千年商都文化的内在缺陷与局限性进行深入的剖析与反思，探讨到底有哪些外在与内在因素影响与制约了广州千年商都文化的发展与强大。对于千年商都文化的理性反思，将有助于加深我们对广州千年商都历史的深入认知与综合研判，也将对广州未来夯实千年商都文化软实力、培育国际化营商环境提供必要的经验借鉴。

广州为何不能继续发挥千年商都的历史优势，而在近代新的开放格局中失落，主要有五方面的原因。

一　特许政策的失却导致广州失去外贸垄断特权

古代广州发达的商业经济是以外贸为中心，凭借地缘优势、良好的港口条件和地理位置，广州吸引着东南亚、南亚、西亚、欧洲、美洲各国商船源源不断地到来，进行各种商贸活动与交流。但是，这种传统的外贸方式以进口为主，由于广州本身的经济文化相对落后，这就决定了国内外商品的消费需求并不是在本地形成的，因此进行交换的商品大多既不在广州生产，也不在广州消费，这种客观因素造成了广州的商业发展更多倚重于对外贸易。从唐代开始，朝廷在广州首创了市舶使一职，行使征收关税、管理外商、保管舶货、监督贸易、负责商人进奉事宜等职责。宋代则进一步完善此前的创制，设立了市舶司这一正式管理对外贸易的官方机构，并且颁布实施了《元丰市舶条》，赋予广州港垄断贸易特权。这一法令是对北宋初期以来朝廷政策的确认和强调。明代朝廷禁止商舶贸易，只许贡舶贸易，即朝贡贸易，东南亚及其以西国家同中国的贡舶能在广州出入。清代前期，朝廷实施"开海政策"，创设了粤海关、闽海关、江海关和浙海关，以通海外贸易。但1757年"洪仁辉事件"的发生，使得乾隆皇帝下令关闭其他三个海关，只保留粤海关对外通商。正是历代朝廷的"禁海政策"或"独口通商"，造就了广州"第一外贸大港地位"的历史现象。[①]

鸦片战争前，广州进出口商品之多，外贸额之大，都达到历史最高水平，通过考察乾隆二十二年（1757年）以后广州外贸发展的一些数据，可看出外贸规模的大幅度增长带来了广州城市发展的空前繁盛。先看外国商船的增长。根据《粤海关志》的记录，乾隆二十二年（1757年），登记在册的外国商船特别少，只有7艘，此后逐渐增长，乾隆二十九年（1764年），为24艘，次年为31艘。乾隆五十（1785年）、五十一（1786年）、五十二年（1787年），外国商船分别达到46艘、68艘、73艘，增长迅猛。嘉庆二十一年（1816年），为104艘；道光

---

① 左正：《论广州港口与对外贸易的历史发展》，《暨南学报》2002年第5期。

十七年（1837年），为213艘。① 再看粤海关的税收情况。从"粤海关税收指数表"表中，1760—1764年、1830—1834年两个时间段相比，70年间，粤海关税收增加了3.6倍。粤海关税收包含海外贸易和国内贸易的数据。海外贸易贸易额在整个粤海关税收中的占比颇高，且越来越高。关税收入的增长，主要来自海外贸易（见表6-1）。②

表6-1　　　　　　　　　　粤海关税收指数表

年份	平均每年关税额（两）	指数
1740—1744	297531.16	100.00
1750—1754	495900.72	166.67
1760—1764	431279.78	144.95
1770—1774	563456.54	189.38
1780—1784	699562.68	235.12
1790—1794	1013147.53	340.52
1800—1804	1555716.88	522.83
1810—1814	1040860.52	349.83
1820—1824	1438622.00	483.52
1830—1834	1518102.32	510.23

实际上，上述的增长和繁盛，与一项错误的决策相关联。历史经验一再告诉我们，任何违背经济趋势的政策措施都难以长期实施。乾隆年间，英国东印度公司对华贸易规模越来越大。18世纪中期，英国商人因不满于粤海关的种种陋规和清朝在广州实行的其他一些政策，试图在中国东部沿海的宁波和舟山群岛一带找到落脚点发展对华贸易。但他们的尝试失败了。经过一场较量，乾隆二十二年（1757年）清朝宣布实行

---

① 《粤海关志》卷24《市舶》。
② 戴和：《清代粤海关税收述论》，《中国社会经济史研究》1988年第1期。

一口通商，沿海四个海关中，只有粤海关可以继续接待管理西方商人，其他海关全部对西方商人关闭。几年后两广总督李侍尧又宣布《防夷五事》，把西方商人限制在广州、澳门一带，严加管束。

在18世纪中期，英国商人还只是认识到宁波的重要性，到了19世纪30年代，他们看中了上海，认为这是更理想的港口。1832年英国东印度公司派遣海船阿美士德号载以胡夏米（Hugh Hamilton Lindsay）为首的商务代表团去上海考察了19天。胡夏米在给东印度公司的报告中写道："一到这里，我就对入江船只的数量之巨叹为观止……在我们停留之初，多数船只是来自天津和满洲各地的北方四桅沙船，所载货物多为面粉和大豆。但在我们停留的后期，福建船源源而来，每天有三四十艘，其中不少来自台湾、广东、东印度群岛、交趾支那和暹罗……外国人特别是英国人如能获准在此自由贸易、所获利益将难以估量。"① 上海确实已经成为当时中国最理想的港口。

古代航海贸易船舶只能借助季候风航行。广州是距离东南亚、印度和阿拉伯国家较近的海港，很早就成为中国的海外贸易主要港口。到唐宋时代，航海与造船技术的进步，使来自东南亚、印度、阿拉伯国家的商船来到比广州稍远的福建沿海；再到了十八九世纪，欧洲列强的商船，抵达更远的中国东部沿海也变得不太困难。宁波是中国比较古老的海港，主要对接东亚国家贸易港。到了明清时期，上海港也成为中国东部重要的海港。上海的经济腹地比宁波更大，交通更为便利。从五口通商后的1853年起，上海的进出口总值开始逐渐超过广州，直至最终取代广州的贸易大港地位（见表6-2）。

---

① ［英］胡夏米：《"阿美士德"号1832年上海之行记事》，载《上海研究论丛》第2辑，上海社会科学院出版社1989年版，第286页。

表6-2　1844—1856年英国经由广州港和上海港进出口货物总值表①

单位：美元

年份	广州进出口总值	上海进出口总值
1844	33400000	4800000
1845	38400000	11100000
1846	25200000	10200000
1847	25300000	11000000
1848	15100000	7500000
1849	19300000	10900000
1850	16700000	11900000
1851	23200000	16000000
1852	16400000	16000000
1853	10500000	17200000
1854	9300000	12800000
1855	6500000	23300000
1856	17300000	31900000

因此，始于乾隆二十二年（1757年）的广州"一口通商"，虽然给广州带来很大的好处，但从全局看，实际效果是阻断了外贸的自然发展趋势，使中国的外贸资源没能得到最佳配置，从而压制了外贸的生机和活力。历史给了中国一个纠错的机会，鸦片战争后的五口通商，上海外贸地位迅速攀升。上海压倒广州成为中国最大的海外贸易港，这一变化反映了经济发展的客观趋势。

二　地缘优势的削弱降低了西方人对广州商业价值的评估

广州特殊的地理位置，是决定其成为中国对外开放与商贸活动中心的重要原因，正如有学者所指出的那样，"中国所以选定广州，因为它位于帝国的东南边疆，并且所属的省份在地理

---

① 程浩编著：《广州港史》（近代部分），海洋出版社1985年版，第56页。

上可以和帝国的其余部分分开"①。然而，西方人对中国的贸易战略，虽受到中国特许政策的制约与影响，但他们仍是从商业利益的最大化出发，来考量与评估中国城市的商业价值，从而不断调整与制定他们的对华商业布局。在 18 世纪中期，英国商人开始认识到宁波的重要性，到了 19 世纪 30 年代，他们又选中了上海。由此可见，西方人希望将自己的商品倾入中国内地，并在最有利的位置获取他们所需要的中国产品，他们希望中国的对外贸易中心能尽量地贴近中国的经济腹地。在 18 世纪和 19 世纪，欧洲列强的商船，抵达更远的中国东部沿海已变得不太困难，因此经过比较之后，他们认为上海的地理位置更具优越性，商船可南北航行，也可东西进出，交通可达度和辐射力皆优于广州。此外，长三角不仅有较为发达的工商业，如商品棉花、商品棉布、丝绸业，而且有更加广阔的耕地，农产品、畜牧业和养鱼业甚至矿业，都是珠江三角洲所不能比拟的。长三角的经济腹地也比广州要广阔，广州的经济腹地以两广为中心，延伸至中国南半部的湖南、江西、福建及中原的湖北等几省，而上海凭借长江及其支流，能把四川、湖北、湖南、江西、安徽、浙江、江苏连接起来，还能凭海陆把北方几省和福建贯通。外加上海又处于中国海岸线的中心，南下香港，北上海参崴，航程都不超过 1000 海里，东到北美与西到欧洲的距离等同。国内货物与国外货物借上海转运，较为便捷，成本也更为划算。② 而在西方人眼里，那个时候广州的商业价值已明显低于上海，正如一份《粤海关十年报告》中所指出的："应该承认，这座城市按照外国人的观点，无论如何是不能胜任所赋予的'角色'的，它的内陆水道的联系范围，西到云南边陲，北到贵州，湖南和江西一隅，作为推销进口商品和生产出口商品的自

---

① ［英］格林堡：《鸦片战争前中英通商史》，商务印书馆 1961 年版，第 43 页。
② 程浩编著：《广州港史》（近代部分），海洋出版社 1985 年版，第 58—59 页。

然区域,可以说是很有限的。"①

另一个深刻削弱了广州地缘优势的港口就是香港。香港位于珠江口外,靠近广州。由香港到广州的船舶,经内伶仃洋而入珠江口,至虎门,再北上就可抵达黄埔港和广州城。因此,香港是广州进出口货物的必经孔道。加上它又是一个天然良港,以它为中继线的航线,四通八达,外国商船往返中国及广东沿海,一般都经过香港。方便的交通,以及英国政府又允许各国商船自由出入,香港被视作中国领海内的第一中继港,先将货运到这里,然后再分散运往中国各港口销售,广州进口海外货物便因之减少。② 于是,"香港这个货物集散地可以称为广东省(在很大程度上也可以说是其他省份)的保险仓库。广州的商人往香港购货,……把这些货品运往广州,也可以运往沿海一带地方"③,香港被迫割让后的第一年(1843年),广州进口外国货物总量为119768500磅,以后逐年减少,至1848年,仅剩3817300磅。④ 而香港在1847年进口外国商船总吨位为229465吨,1860—1870年增加2倍,1870—1880年又增长了4倍。⑤

此外,厦门和天津的开埠在棉布进出口方面削弱了广州,尤其是天津,1866年"从天津出口的华北棉花达136173.93担",而四年前广州进口的棉花只有35928担,并且需要有北部各省大量输入的土产棉花来满足本地市场的需求;⑥ 福州和宁波则是在茶叶方面削弱了广州,从福州出口的茶叶在1856年后均

---

① 《粤海关十年报告(1882—1891)》,未刊稿。
② 程浩编著:《广州港史》(近代部分),海洋出版社1985年版,第62页。
③ 姚贤镐编:《中国近代对外贸易史资料》第2册,中华书局1962年版,第761—762页。
④ [美]马士:《中华帝国对外关系史》第1卷,张汇文等译,生活·读书·新知三联书店1957年版,第411页。
⑤ 丁又:《香港初期史话(1841—1907年)》,生活·读书·新知三联书店1958年版,第84页。
⑥ 姚贤镐编:《中国近代对外贸易史资料》第2册,中华书局1962年版,第1241、1245页。

超过广州;"山东邓州与牛庄两处,以豆石、豆饼为大宗,向来皆系江、浙、闽、广商贩船户运销于东南各省,其利甚大",但这两处港口开埠后,"夹板洋船,直赴牛庄等处装运豆石,北地货价因之昂贵,南省销路为其侵占"。原来往返这两个港口运输豆石、豆饼的广州商贩被抢了生意,致使广州进口豆石、豆饼贸易受到较大的影响。①

由此可知,西方人获得了香港、上海等地的贸易商机后,再图广州的发展,已没有更大的商业价值。失去了特许政策后的广州,其地缘优势也相继削弱,这是必须正视的客观事实。

三 排外思想阻碍广州进一步的开放交流

广州是岭南文化的中心,而岭南文化又是中华文化的组成部分,其核心思想来自儒家。"华夷之辨"是儒家的根本信念之一,这个信念让历代统治者担心"放任外船进口贸易,时间一长,居住在内地的外国人必然增多,而海疆重地,民风土俗将受其影响,不能不加强防范",因此"贸易事小,海防事大"。②由此可知,不管是唐代在城西南濠东岸码头区所设"蕃坊",还是明清在西关所设怀远驿或十三行商馆,以及强制外商在澳门"过冬",都是尽可能限制外商与国人接触的措施。但朝廷无法舍弃对外贸易带来的巨额财富,于是特设行商,将与外商进行贸易的商人限定人数,外商不经过行商是不能与官府、民众直接交往的,这也是防止外商与过多国人接触的重要手段。与此同时,还设市舶司或粤海关予以监管,并颁布法令进行规范。如清乾隆年间,两广总督李侍尧在广州实施《防夷五事》:(1)禁止外商在广州过冬;(2)外商到广州,必须住在行商所

---

① 程浩编著:《广州港史》(近代部分),海洋出版社1985年版,第71页。
② 李金明:《1757年广州一口通商与洪任辉事件》,《南洋问题研究》1993年第2期。

第六章　对千年商都文化的理性反思

设商馆，并由行商管束；（3）禁止借领外商资本，以及外商雇请汉人使役；（4）严禁外商雇汉人传递信息；（5）外船停泊的地方，必须派专人驻扎，协助官兵防范与稽查。① 甚至在五口通商之后，"广州坚决不让外国人进入城区，拜会官员、贸易、旅游均只能在城外"②。

这些在"华夷之辨"主导下采取的切断外商与内地人民联系的措施，使广州背负了沉重的历史负担，阻碍的不仅仅是商贸的正常发展，更造成了禁锢的社会氛围，由此生发出来的就是排外思想。譬如，美国来华教师鲍留云（Samuel Robbins Brown）于1837年"从黄埔到广州时，一路上被人扔石头和咒骂"③。甚至在第一次鸦片战争结束后，广州城外西关十三行商馆也不时遭受民众寻衅。④ 正是由于部分官民的排外思想，一经被挑动挑拨，就出现了强烈的"仇外情绪"，标志性事件就是1842—1857年的广州反入城斗争。⑤ 反观其他新开放的口岸，如上海，没有限制外国人的历史负担，排外思想也相对较轻，在国际条约约束下，能够较快地接受同外国人平等相处的观念，这也成为促使上海取代广州成为中国第一大外贸港口的重要因素。⑥

虽说自1843年至今，广州丧失了作为全国外贸中心的地

---

① 李金明：《1757年广州一口通商与洪任辉事件》，《南洋问题研究》1993年第2期。
② 袁伟时：《历史大转折中的迟滞——两次鸦片战争期间的岭南文化》，载《中国现代思想散论》，上海三联书店2008年版。
③ 参见何思兵《美国传教士何显理和鲍留云港澳活动述略》，《澳门研究》2016年第1期。
④ 齐思和等整理：《筹办夷务始末》（道光朝）第78卷，中华书局1964年版，第3098页。
⑤ 茅海建：《关于广州反入城斗争的几个问题》，《近代史研究》1992年第6期。
⑥ 袁伟时：《历史大转折中的迟滞——两次鸦片战争期间的岭南文化》，载《中国现代思想散论》，上海三联书店2008年版。程浩编著：《广州港史》（近代部分），海洋出版社1985年版，第57—74页。

位，却始终是华南地区最大的经济中心城市，但历史重担与思想观念造成的影响也是深远的。这是重塑广州真正开放所需要深思的问题，也是亟待解决的问题。

四 官本位文化侵害自由贸易的健康发展

国家垄断行为的出现，原因之一就是根深蒂固的官本位文化。这种文化侵害了自由贸易的商业规则，严重影响了广州对外贸易的正常发展。

1755—1759年的"洪任辉事件"就是较好的证明。当时英国东印度公司主要从中国进口生丝和茶叶，但这两项大宗商品的产地并不在广州，而是在长江三角洲地区和安徽、福建等地，须通过水路和陆路才能运到广州，既徒增大量运费，又影响质量。再加上"粤海关对外国商船征收的船舶税和货物税，一般说来是比较低的，但是各种附加的杂税确实异常繁杂，远远超过正税的好几倍。最令外商感到不满的是，每艘船不论大小的礼银"[1]。于是，东印度公司就想北上，直接在商品产地的宁波进行购买。1755年，东印度公司派了一艘商船前往宁波，洪任辉就是随船的公司译员，结果与宁波当地的贸易合作相当顺利，由此宁波成为东印度公司理想的贸易港口，前往广州贸易的商船遂从1755年的22艘，减少到1756年的15艘，到1757年仅有7艘。这就造成了粤海关收入的大幅减少。[2]

鉴于此种情况，两广总督杨应琚想方设法提高浙海关税则，阻止外商到浙贸易。并且以海防和粤海关进贡之由，上谕乾隆皇帝，引得乾隆帝下旨，由粤海关监督李侍尧宣布，"今后只准在粤贸易"。于是，洪任辉将一纸控状直接送到了天津府，并递

---

[1] 李金明：《1757年广州一口通商与洪任辉事件》，《南洋问题研究》1993年第2期。
[2] 同上。

到了乾隆帝手中。他的呈控有七款："1. 关口勒索陋规繁多，且一船除货税外，先要缴银三千三四百两不等；2. 关监不循旧例准许外商禀见，以致家人多方勒索；3. 资元行故商黎光华欠外商银五万两，关监、总督不准追讨；4. 对外商随带日用酒食器物苛刻征税；5. 外商往来澳门被苛索陋规；6. 除旧收平余外，又勒补平头，每百两加三两；7. 设立保商，外商货银多被其挪移，延搁船期。"① 因为此事由乾隆皇帝裁决，既关乎华夷之防，又关乎皇帝颜面，所以最终对洪任辉及相关人员做出了严厉的处罚，并出台了"一口通商"政策。

仅从洪任辉的控状内容就可得知，官员对外商的勒索和对商业规则的侵害是巨大的。此外，在"一口通商"时期，广东巡抚、粤海关监督等官员每年给皇帝进贡的贡品，都是由特许商人——行商代为垫买的，这些官物、贡品的"官价"远低于市价，其中的差额则由行商支付。② 又根据保商制度，行商要对外商在广州的言行担责，一旦被官府发现外商有违法行为，行商就被问责，同时被敲诈勒索。如1801年丽泉行潘长耀所担保的英国东印度公司商船私运的羽纱缎，粤海关将走私的羽纱缎数目应征税额加50倍令其交付，潘长耀从此一蹶不振。再根据行商连保责任，若有行商破产，所欠关税和外国债务则由其他行商摊还。1780年，行商颜时瑛和张天球欠了英国商人债务无法清偿，家产被变卖清偿债务，不足部分则由行商潘文严等分十年偿还。所以说，"行商制度是清朝政府与地方官吏掠取广州贸易利润的工具，行商连保责任及世袭制注定行商终生世代成为官府的仆从"③。

---

① 陈东林、李丹慧：《乾隆限令广州一口通商政策及英商洪任辉事件述论》，《历史档案》1987年第3期。

② 梁廷枏：《粤海关志》卷25，广东人民出版社2014年版，第3—4页。

③ 陈东林、李丹慧：《乾隆限令广州一口通商政策及英商洪任辉事件述论》，《历史档案》1987年第3期。

这种由官本位文化主导的贸易模式，维护了官员的利益，破坏了合理的商业规则，也给外国商人和本地粤商造成无尽的伤害。有了其他港口的开放，不管是外国商人还是本地粤商，都积极北上，不需要再遭受广州官员的敲诈勒索了。

综上所述，第一次鸦片战争后广州外贸地位的下行，客观环境和条件起了主要作用，不仅上海的地缘优势优于广州，香港的崛起也多少造成了对广州外贸的打击，加上机械动力的轮船用于远洋贸易，广州的传统优势再受打击。但广州主观上也难辞其咎：（1）长期依仗垄断特权的环境，使广州官绅缺乏危机意识，一旦环境变化，便仓促应对，非常被动；（2）广州向以宽容平和著称，但因早已习惯于以禁止外国人入城为标志的歧视政策，此时便表现出激烈的排他性；（3）官本位文化以政府与官员利益至上，侵害了平等有序的商业规则，对建立公平的商业环境有极大的阻碍。

回顾这段往事，可获得的启示是：第一，广州都市过往的繁荣，令人喜慰却不值得骄傲。广州应该力争成为平等竞争中的优胜者。第二，宽容平和是广州文化的特点和优点，但不可简单视之。广州文化在近代社会变迁中呈现出来的保守性，说明广州文化的更新和改造任重道远，永无止境。第三，粤商的经商智慧与胆识，也是有目共睹的，但广州本土较为落后的文化环境与商业氛围使得他们远走他乡，前往其他城市或地区施展商业才能，谋求更好的发展。这说明要想留住商业人才，广州在建立良好的营商环境方面，任重道远。

诚然，广州的地缘优势是需要肯定的，就算是其他港口开放，广州的外贸总额也仅次于上海和香港。再加上历来与外国人相处所形成的开放性思想氛围，以及民间贸易的发达与商人的努力，使得广州的对外贸易优势并未彻底衰弱。现在大力提倡优化营商环境，一方面要从历史上吸取经验与教训；另一方面也要自信地认识到广州具备的独特优势，并利用这些优势，将广州创造成真正国际化、真正深入交互融合的千年商都。

五 商都文化过于务实与急功近利的特点，影响了经济进一步的创新发展

广州千年商都文化由于特别强调"商"与"实"，使商都文化在某种程度上具有急功近利的特点，它着重于指向当下的实效、功利，重短期利益，轻长效发展；重稳健、轻创新。前文研究粤商时已指出，从晚清时期开始，商人的保守性就成为广州社会发展的阻力。这种传统的文化弊病直至当下仍然深刻存在。相当部分的广东民营企业在取得了一定的发展之后，只满足于固守自己的本业，即使具有较强的人员、设备和技术能力，也不再愿意继续进行创新投入。许多民营企业不愿意钻研技术、开发产品，仍停留于购买专利生产产品的获利途径，或者宁愿为别人加工"贴牌"产品，也不愿意精心打造自己的品牌。此外，商都文化造就本地企业过于关注眼前利益，至于科技研发、人才储备、人才培养、品牌宣传、资本运作等长远战略与创新投入则严重不足。这使得在改革开放最初一波的发展强势后，广东作为中国商业第一大省，却也成为全国商业类上市公司最少的省份之一。粤企走出广东，能谋求世界大企业之发展目标的个案少之又少。这都是商都文化重实趋利，轻创新与长期战略带来的影响。由此在当下，广东必须从实际出发，找准创新缺失的短板与实施好全面创新改革试验方案的发力点。目前广东在创新驱动方面还较明显存在三方面短板：一是缺乏核心技术和科研成果转化率低；二是创新人才尤其是高素质创新人才供给不足；三是创新投入不足以及金融对创新的支持乏力。针对商都文化中存在的固有问题，今后要鼓励企业和民间增大对创新活动的投入。根据广东的"十三五"规划，到2020年，广东全社会研究与开发（R&D）投入占地区生产总值（GDP）的

比重将达 2.8%。应当说，这些新举措对广东解决创新短板问题已经发挥了一定的作用。此外，也要组织实施一批重大科技专项，以此作为广东技术攻关的战略制高点，努力打造人才培养的战略高地；增加财政资金对创新活动的投入，推进完善科技成果转化机制、推进完善创新人才引进和培养机制，以期在解决创新短板方面取得更大成效。

第七章 千年商都文化软实力的当代传承与创新

文化软实力是一座城市的灵魂,是城市外在形象与精神内核的有机统一,是城市历史文化与现代文化的共融同生,代表了城市持续的创新创造能力。美国著名城市理论家刘易斯·芒福德指出:"城市不只是建筑物的群体,它更是各种密切相关经济相互影响的功能集合体;它不单是权力的集中,更是文化的归极。"在当代文化学的语境中,文化软实力不仅指文化自身蕴含的力量,还意味着一种需通过广泛传播后兑现的文化力量,一种被他者认同和接受的文化思想。

本章从千年商都的古今实践出发,剖析其对广州城市民俗风尚、营商基础、文化个性等所产生的渗透性影响,从中深入挖掘商都文化孕育的独特的商业伦理和逐步形成的商业文化软实力,以及这种具有首创性、独特性和先进性的文化软实力对当代城市发展的传承和贡献,为进一步构建和完善广州国际化营商环境、提升广州全球影响力提供可资借鉴的文化传统和思想资源。

一 千年商都务实、乐活的社会风俗

广州濒临南海,长期与海外贸易来往,商业活动频繁,同时远离中原，历来较少受到儒家"重农抑商"主流思想的影响，重商传统由来已久，且历经世代不衰。由重商传统塑造的城市文化和社会风俗，以民间性和世俗性见长，普通民众大多热爱日常生活，注重实利，追求闲适享乐的生活情调，这使得"务实"（平民化）和"乐活"（世俗化）成为广州区别于其他城市所具有的独特、鲜明的社会风俗特点。

在商品经济刚萌芽的明代，广州人已经会用商业逻辑来发展农业生产，将土地大量用来种植龙眼、甘蔗、烟叶等经济作物。到清代中叶后，"非经商不能昌业""无商不富"等已成为广州民间社会的流行观念。清康熙年间有记载说："广州为四通五达之衢，番民杂逻，民皆弃本争毫末利。"可见商业成为当时人人竞趋的热门职业，不仅一般市民喜欢从商经商，连官吏、仕子也不以经商为耻，"弃儒经商"或"弃官经商"的现象比比皆是。随着明清商人阶层的形成和发展，广州人经商意识日益普及化，重商的观念深入人心，一个以商人、手工业者为主体的阶层开始从农业生产中分离出来，市民社会得以逐渐形成。重商精神在长久的历史进程中渗透于日常生活里，深刻影响了广州市民的心态、生活方式、行为准则和价值观念。

在广州民间，最被尊崇的是"财神"，粤语中不少说法都与商业有关，比如喜欢"好意头"（求财趋吉）、追求人气"爆棚"、水果称"生果"、海鲜讲究"生猛"、老广州最爱的休闲活动是"行街买嘢"（逛街购物）。从历史上看，广州最著名的两大别称"羊城"和"花城"，都与平民化、世俗化的生活场景紧密相关。"羊城"指的是五羊大仙从天而降给人们带来稻穗种子的建城传说，表达了广州先民对食物的尊重。"花城"则指从古至今广州的花市传统以及由此衍生的爱花、赏花的生活习俗，除了延续至今的迎春花市外，街头巷尾随处可见花档，每日买花至今仍是很多广州人的生活习惯。改革开放以来，这种追求现实人生、寻求世俗快乐的文化传统，结合随市场经济发展而萌发的大众文化，迅速得到发扬和广泛传播。粤语、粤菜、音乐、影视、时尚、消费等携带着浓郁地域文化基因的流行文化，挟"生猛鲜活"的态势席卷全国，从而确立了粤派文化在全国地域文化版图上的显著地位。今天，已跃居全国乃至世界一线城市的广州，仍一如既往地输出独具岭南文化特色的生活方式和文化价值观，并集合不断优化的居住环境、良好的社会治安、相对低廉的生活成本、活跃的文化生活、优良的投资环境，成为宜商宜居的"机遇之城"。

（一）"喝早茶""逛花市"的民风民俗

频繁的经济活动、兴盛的商业文明、商都的历史浸润，造就了广州独一无二的"粤派"风俗。历史上，广州一直是著名的鲜花产区和茶叶外贸港口，围绕二者的经济活动长盛不衰，传统广府习俗如"衣香食果""以花作衣""依食为茶"都由此衍生而来，在诸多粤地风俗中，"喝早茶""逛花市"的生活传统成为最独特鲜明、最与商业历史相关的广州特色民俗，沿袭至今。

广州人的传统饮茶风俗既肇生于商业传统，其兴盛发展又进一步彰显了商业文明。岭南素来产茶，明代时茶叶已作为一种重要的经济作物被大量种植。清代中后期，广州被赋予"一口通商"的特权，茶叶成为主要出口的大宗货物之一。十三行成为清代茶叶海外贸易中心后，茶叶贸易的国际化在促进广州茶叶种植和茶文化发展的同时，也加速了城市生活的变迁。清代中后期至20世纪初，随着广州工商业的发展，城市各阶层的分化加快，商人、手工业者、雇用工人等新兴市民阶层诞生，大量农业人口向城市流动，为满足新阶层社交、休闲的需要，茶居、茶馆等新式茶楼应运而生，茶楼日益成为市民日常消遣的首选场所，饮茶由此从家庭化、私人化开始走向公共化、商业化。清代光绪年间，广州出现了第一家真正意义上的茶楼——三元楼，此后，陶陶居、天然居、惠如楼、莲香楼等众多茶楼陆续问世，成为各色人等洽谈生意、招待亲友、打探消息、消遣娱乐的绝佳去处。随着后期酒楼业兴起，茶楼与酒楼逐渐合流，发展成为饮食产业，其中的茶水成为配角，茶点却越发精致多样，以广式点心为代表之一的"粤菜"发扬光大，"食在广州"这一极富地域特色的饮食文化开始步入黄金时代。广州茶楼作为传统社会重要的公共生活空间，自诞生之日起就承担了社交、商业、流通等多种社会功能，同时因其平民世俗化的特点而成为广州人"偷得浮生半日闲"的精神领地。老广州爱"叹早茶"，泡一壶茶，要两件精美点心，细斟慢啜，一个"叹"字，道尽了广府人热爱生活、享受生活的人生哲学。据史料记载，英国人最早接触的点心就是从早期茶楼里著名的广式点心如虾饺、烧卖、粉果开始的，英语中专门的名词"dim sum"，就是来自粤语"点心"的发音。民国时期粤菜在上海风行一时，当时上海关于广州饮食的报道多是关注茶楼。20世纪80年代改革开放后，经过现代嬗变的广府特色民俗"喝早茶"，携千年商都的文化基因，随同粤菜引领一波新生活潮流，全国许多城市都出现了"广式早茶"。直到今天，"上茶楼，叹早茶"仍是广州人生活中充满仪式感的重要组成部分，也是最值得浓墨重彩书写的广府社会风俗。移居、暂居或过往广州的外省、外籍人士，也大多会深受感染，入乡随俗。作为地道的广府特色风俗，"喝早茶"携带千年商都的文化基因，其影响力和传播力早已远远超越了广府之地。

广州自古以花为"市"，发达深厚的花卉商业贸易与"明月如潮花似海"的诗意风俗在这里完美交融，共同成就了"花城广州"这个最具辨识度的城市视觉符号和城市文化品牌。在气候温润、物候丰盛的广府地，广州人赏花爱花成俗、种花养花为业的历史，可以追溯到两千年前的秦汉，因海外贸易的便利，广州开始引进域外花卉种植，旧时广州人最钟情的素馨花和茉莉花就是来自海外的花种。在汉代,陆贾已说南人"彩缕穿花"。据史料记载,在宋朝,广州的素馨花种植已有一定规模。明清两代,随着广州经济的繁盛和人口的增加,刺激了花木业的兴盛,成为广州重要的经济产业之一,同时出现了世代种花的花农,花卉消费也有了质的飞跃。当时广州的两大花田因盛产素馨花而闻名全国,一在河南(今海珠区)庄头,一在芳村的花地。一眼望去"花白似雪",庄头村由此被称为"花田",花地则有"素馨茉莉天香国"的雅号。据《岭南杂记》载,素馨花盛开之季,每日上市之素馨花达数百担之多。清乾隆年间的《番禺县志》也有记:"粤中有四市,花市在广州之南,花地以卖花为业者数十家,市花于城。"明朝开始,天字码头成了广州最早的花的集市,此后花市陆续从天字码头一带扩大到广州七个城门,其中花地"花埗"是当时最大的花木贸易集散地。清代文人沈复在《浮生六记》中就曾对花地"花埗"品种繁多的南粤花木表示过惊叹:"对渡名花地,花木甚繁,广州卖花处也。余以为无花不识,至此仅识十之六七。询其名,有《群芳谱》所未载者。"每天晨光熹微时分,来自全城的花农驾着小船,沿着纵横交错的河涌,把精心栽种的盆花运到埗市摆卖,天光之时,完成花木交易的花农和花贩各自又撑着小艇离开,古老的广州城,在暗香浮动的花香中开启新的一天。繁荣的花卉贸易滋养出广州人爱种花、爱买花、爱赏花的民间风俗,花卉商贸的发达还催生了广州最重要的岁时年俗——迎春花市。清代中叶后,广州在全国首创迎春花市,由常设的花市逐步衍生而来,成为广州人独特的过年民俗,据《广州城坊志》所记载:"每逢除夕之夜,广州城的花市蔚为壮观,鲜花十里,人海如潮。""每届年暮,广州城内双门底(今北京路),卖吊钟花与水仙花成市,如云如霞,大家小户,售供座几,以娱华岁。"即使在抗战期间,广州的迎春花市也照开不误,即使头顶时有战机轰鸣,广州人也要去买一束鲜花。20世纪70年代初期,全市只剩芳村花地一处卖花，据史料记载，1970年春节，大批市民从黄沙码头乘轮渡至芳村买花，从而客流大增，仅除夕一天就有超过8万人次过江，即便如此拥挤，也没有阻挡住广州人买花的脚步。改革开放后，迎春花市再兴，1978年广州各区县都开始重新设置花市，这一年有花档2347个，220万广州市民游花市。可见，于广州人而言，买花、赏花习俗绵延千年，是这座城市最令人心动、最深植于民间的文化力量，"花城"成为今日广州最易于辨识的城市形象，在今天被赋予了提升城市文化软实力、扩张城市影响力的新使命，从2013年开始，"广州过年，花城看花"系列活动通过城市推介会、"广州过年"活动、春节旅游等形式，将"花城广州"向全世界推介传播，"广州过年，花城看花"已成为"让世界倾听广州声音"的重要城市文化名片，持续提升广州在全球的文化影响力。

（二）"生猛鲜活"的娱乐休闲文化

以娱乐、休闲、消费为主要特征的流行文化是提升一个城市乃至一个国家文化软实力的战略力量，如美国电影、日本动漫、韩国电视剧、英国爵士乐、法国时装，这些席卷全球的流行文化，不仅是促进一个城市或国家获取巨大经济利益的利器，更是彰显、传播和扩张本国文化版图的重要力量。改革开放后，毗邻港澳的地缘优势、经济实力的跨越发展、包容开放的文化氛围，使广州成为全国流行文化重镇，根植在千年商都文化特质土壤上的娱乐、影视、音乐、时尚消费等流行文化与新兴的商业形态结合，开风气之先，全面引领全国，重新定义了中国人休闲娱乐的生活方式和文化消费观念，其中蕴含的"生猛鲜活"的现代观念、敢为天下先的文化心态，正是一脉相承的千年商都商业文化在当代的转化和体现。

广州是20世纪八九十年代全国流行音乐中心地和时尚影视剧的原创地。从千年商都文化土壤中萌芽生长起来的流行音乐，一开始就带着鲜明的商业文化特性：在这里诞生了第一支内地流行乐队、成立了第一家唱片公司、录制了流行歌手第一张个人专辑、举办了第一场个人演唱会、率先将艺人签约制引入内地歌坛、最早兴起"包装"明星的概念。这里诞生的太平洋影音公司、中国唱片总公司广州分公司及新时代影音公司、白天鹅音像出版社四家唱片公司居全国领先地位，最早将流行音乐的制作商业化与产业化，构建了广东音像业的竞争优势和产业依托。原创歌曲创作繁荣，实力歌手不断涌现，从广东歌坛走出来的歌星，撑起了当时流行乐坛的半壁江山。音乐创作军团阵容强大，《弯弯的月亮》《涛声依旧》《真的好想你》等歌曲曾红遍全国，以至广州成为全国音乐人都向往的地方，流传着"做音乐，去广州"的说法。

与流行音乐同步在全国掀起流行风潮的是广州原创影视剧，几乎每一部精品都称得上是那个时代的"爆款"，引发追剧热潮。第一部反映个体户生活的国产电影《雅马哈鱼档》1984年在全国一上映就引起强烈反响，显示了广州在改革开放题材创作上得天独厚的优势。类似的影片还有《他在特区》《街市流行曲》《给咖啡加点糖》《花街皇后》《太阳雨》等，珠影创作摄制的反映改革开放以来广东新风貌的影片，占其影片生产总量的80%以上。一批具有岭南文化特色又反映广东改革开放现实的优秀电视剧也陆续涌现，风靡全国，如《虾球传》《外来妹》《情满珠江》《和平年代》《公关小姐》《商界》等。1981年8集电视连续剧《虾球传》开创了当时内地电视剧的收视高峰，后来又成为第一部打进香港、东南亚地区的大陆电视剧，"粤产电视剧"时代由此开启。1994年在央视播出轰动全国的《情满珠江》，全景式描绘了改革开放先行之地的人与经济由封闭走向开放的历程，播出后人们开始津津乐道片中"下海""跳槽"等新鲜词汇，还在全国掀起一场"时代与困惑"的全民讨论。《外来妹》最早对进城务工的农民工进行描写，聚集于城市化进程中人的身份转换，"外来妹"也由此成为与改革开放紧紧联系在一起的时尚词汇，随着电视剧的热播而流行开来。《商界》则为中国本土影视第一次引入了"商战"这个充满时代气息的新锐理念，展示了广州改革前沿的社会风云和人物心态。这些影视剧形神兼具的写实特质，让全国观众通过电影电视屏幕领略了广州的风土人情和城市面貌，它们集体成为广州商业文化最直观的艺术代言人，让没有来过广州的人们也对这座城市的开放、包容、繁荣心生向往，让人观剧而感受到进取向上、充满机遇、敢为人先的城市文化形象。

广州在改革开放后创立的娱乐商业一体化模式，重新定义了当代中国人的休闲方式、娱乐活动和文化消费的概念，其开创的音乐茶座、歌舞厅、卡拉OK、选美等多元丰富的娱乐风尚迅速蔓延至各地，在全国掀起一阵阵声势浩大的娱乐休闲大潮。改革开放之前，中国人的娱乐休闲方式是单一甚至单调的，直到1980年广州东方宾馆率先建起全国第一个音乐茶座。这不但为广州市民、游客带来了全新的夜生活体验，更给当时保守的社会风气带来巨大的冲击，在全国引起了轰动。自东方宾馆音乐茶座后短短数年间，广州各种音乐茶座增至70多家，每天都有大量顾客进场消费，且历经数年而不衰。作为新兴事物，音乐茶座在创办之初曾遭到质疑，但因广州开放包容的城市文化心态，人们对多元休闲生活方式的向往，终于使得这股开放的潮流不可遏制，由广州而辐射全国，而茶座带动的大众音乐风潮和文化消费潮流，也对广州流行音乐"黄金时代"的孵化做出贡献。起源于日本的娱乐方式卡拉OK也是最早从广州引进后"潮爆"中国的，1985年，东方宾馆首次为入住的外宾提供卡拉OK服务，之后短短几年卡拉OK在整个广州城流行开来。据统计，到1990年全市已有60多家卡拉OK厅，还有70多家排队等着开业。此后卡拉OK席卷全国各地，20世纪90年代进化为量贩式KTV后继续流行，成为那个时代中国人最重要的娱乐方式和社交场所。广州还是全国选美比赛的发源地,1988年,广州电视台主办的中国内地第一次电视选美——"美在花城"电视广告模特大奖赛举办,不仅成功开拓了大众传媒全新的商业运作模式,更开启了全国观众的价值观念、审美趣味改变的序幕。音乐茶座、歌舞厅、夜总会、卡拉OK、KTV、酒吧、选美,这些最早从广州起步的休闲娱乐风潮,乘着商业发展的新态势,一波又一波地引领全国,大众文化消费的观念在其中得以从萌发到成形、成熟,"娱乐经济"持续焕发强大的生命力,为当今城市文化产业的培育奠定了深厚的历史基础,为城市大众文化的繁荣构建了必不可少的现代文化市场体系。

二 千年商都开放、兼容的文化内核

广州是开埠以来中国唯一一个不曾中断对外贸易的商业城市,中西方文化在这里碰撞出开放兼容的文化特质。传统与现代共生,本土和国际共存,丰富多元甚至互有冲突的各种文化力量,都在这座城市里平衡共生,并形成合力,助推广州成为今日世界的一线大城市。时代公司首席内容官兼《财富》杂志主编穆瑞澜曾说,"广州的开放史就是最大的财富,它是中国与世界其他地区对接的最强纽带"。广州人的先祖居于五岭之南,远离中原,濒临海洋。处于边缘的岭南文化,较少保守意识,更讲求务实,倡导经世致用;而海洋文明中的重商传统和善于变通的生存哲学,深深影响了广州人的营商之道和千年商都的城市发展。

(一)开放兼容的文化心态

广州是从古至今海纳百川的开放之地。历史上,广州是外国人居住和出入最多的城市之一。唐代广州是世界贸易大港,据史料记载,唐开元年间,每年来广州贸易的外国商人达80多万人，长期居留广州的海外商人有 12 万以上。在明清两代很长一段时间里，举国封闭，唯有广州一口通商。当时正值欧洲经历工业革命之时，西方文明首先从这里源源不断进入中国。在上海洋泾浜英语之前，这里已经流行广东英语，"华英字典""中法字典"都最早在广州出版。民国时代，开马路、建楼房、造公园等城市建设使广州步入了近代化城市化的进程，也洗礼出城市传统和现代、中西交融的面目。随着西风东渐而来的，还有各种新式生活风尚，如电话、电报、电车、自来水等现代生活器物，首先纷纷在广州投入使用。西服、西餐等西式生活方式，婚姻自由、个性解放等文明观念也在民间迅速流行开来，广州成了当时全国最时尚新潮的城市。

改革开放后，广州成为吸引"新移民"南下创业、打工的兼容之地。接踵而来的新鲜事物和理念，重新激活了这座千年商都骨子里开放兼容的文化基因，锐意改革的势头和开放兼容的社会氛围，吸引了全国各地的人才，掀起"东西南北中，发财到广东"的热潮，千年商都变身为千万梦想者的创业天堂和打工者首选的乐园。时至今日，"开放兼容"依然是很多外来者对广州的第一印象，这种文化特质无时无刻不体现在城市生活的微小之处。在这里，有着最不排外的本地居民，南腔北调并不违和，任何方言都不会遭到恶意嘲笑；城市中心有高大上的 CBD 和购物中心，也有贴近市民生活需要的小商铺和便利店；乘坐公交车时大家习惯有序排队，让座率全国最高……从政策优待、制度创新到公共生活，广州为每一位外来的人提供着公平的机会、事业和话语的宽松空间，无论是街边小贩，还是大企业，只要努力和有能力，都能受到尊重。不管你来自哪里，都不会被歧视，只要不影响他人，完全可以生活得自我、自在。

开放兼容的文化特质，为城市的创新进取打下了坚实的基础。无数的"新客家人"与广州人一道，助力广州的改革开放一直走在全国前列。数据显示，2016 年和 2017 年，广州市常住人口增幅分别达54万和45万,增幅连续两年位列全国各大城市前三。根据中国社科院社会心理研究中心发布的2015年《社会心态蓝皮书》中的《中国超大城市认同感调查报告》,广州的城市接纳度和地位认同均在全国排名第一。在近年各个城市开展激烈的人口与人才争夺战的背景下,这些正是对广州开放兼容的城市魅力的最好佐证。

(二) 务实变通的思维方式

回顾改革开放以来的广东经济发展史,务实变通的广州商人总是能敏锐把握商机,抓住高增长行业的每一次机遇,这也是从20世纪80年代至今,大量新兴业态和商业领域的先进技术最先应用于广东企业的原因之一。早在近代,梁启超就曾比较过沿海和内陆两种环境对思维习惯的不同影响:"海也者,能发人进取之雄心。……故久于海上者,能使其精神,日以勇猛,日以高尚,此古来濒海之民,所以比于陆居者,活气较胜,进取较锐。"所谓"活气",就是一种务实变通的思维特性。当代岭南文化大家刘斯奋也曾用"不拘一格的务实、不定一尊的包容、不守一隅的进取"来概括岭南文化的特性。正是凭借这种务实变通的思维习惯,广州商人在诡谲多变、竞争激烈的商场上屡创佳绩。"上得快,转得快,变得快",一向是广州商人的经商之道,这样才能敏锐把握市场信息,不断开拓新的市场。从20世纪80年代的轻工业到90年代的家电电子业,再到21世纪初的汽车、房地产、互联网产业,粤商总是能敏锐地发现商机所在,果断大胆地做出商业决策。比如,在生产中引进外资和国外先进技术,性能优质、形式新颖的"广货"一度走俏全国。如顺德小家电、广东家具、日用五金制品等,是全国最早向多功能、配套系列化和工艺装饰化方向发展,家用电器也是率先向美观、多功能、安全节能、电子电脑化方向发展。大多数先进的零售业态、流通技术以及组织形式,例如超市、购物中心、购物广场、第三方物流等，都是由广东企业率先引入并尝试，这使广东商业发展一直居于全国绝对领先地位。

广州的城市发展同样是借助于这种顺势而为的"识时务"，在每次历史转折的关键时刻，广州总是能做出正确的选择。清乾隆二十二年（1757 年），全国仅留下广州粤海关一口通商，对外贸易得到飞速发展。在 20 世纪 70 年代末的改革开放初期，当人们还习惯于用传统的价值标准和思维方式看待变革时，广州被赋予"特殊政策，灵活措施"后，再次抓住难得的机遇，冲破闭塞和僵化的思想禁锢，淡化争论，以实干为先，不拘泥于既有的权威和范式，率先进行了一系列大胆破冰的经济和文化改革举措，比如引进外资、允许外资办厂、个体经济崛起等，这些都成为最具活力的新经济增长点。进入 21 世纪以来，全球开始了第三轮城市化浪潮，为推动国家中心城市和国际贸易中心的建设，广州拟定了《广州 2020：城市总体发展战略规划》，将商贸、金融和服务业等确定为广州中心城区产业发展和功能定位的主要目标。2016 年以来，信息技术飞速发展，附着在信息流动基础上的知识和技术交换成为全球化的新主题，面向全球的智力资源配置能力已经成为城市竞争力的关键。广州再次抓住了当今知识与信息全球化流动的新机遇，富有远见地提出建设枢纽型网络城市，重点强化国际航运枢纽、国际航空枢纽、国际科技创新枢纽等三大国际战略枢纽功能。

不尚空谈，务实变通，是广州两千多年的商贸历史里，经济理性长期积淀影响社会文化的结果。广州人拥有将政策、地缘优势转化为经济优势和文化优势的原创力。这种顺势而为的思维方式，既是广州商业文化的特性之一，也是千年商都得以"历百劫而不衰"的核心密码。

三 千年商都深厚、强韧的商业传统

厚植于千年商都历史积淀形成的商业文化软实力，造就了广州底蕴深厚、独具优势的商贸文化特色。在科技革命和新经济浪潮席卷全球的今天，营商环境的重要性日益凸显，尤其是对于以建设全球城市为目标的城市而言，良好的营商环境直接影响其未来对全球高端资源要素的吸引，是关乎一个城市吸引力和国际竞争力的核心要件。2017年6月13日前后短短一周内，李克强总理曾接连三次提到"优化营商环境"，并强调"营商环境就是生产力"。根据2017年7月17日中央财经领导小组第十六次会议的要求，北京、上海、广州、深圳几个特大城市要率先加大营商环境改革力度。当代营商环境内涵丰富，是城市经济实力、对外开放程度、政府管理水平和社会文明的综合体现，一个拥有良好文化氛围和厚重历史积淀的城市，将为营商环境的优化提供强大的动力之源和深厚的文化支撑。

从海上丝绸之路到当代改革开放，千年商都的历史积淀和鲜明的商贸特色已经深入广州这座城市的每一寸肌理。商业是广州生生不息的动力和城市风貌，整个城市常年浸润在浓郁的商业氛围里，商业传统历史悠久，街道上商铺随处可见，大小商圈密布全城，商业信息汇聚流通，熙攘人流涌动不息，老字号焕发新生。商业风貌历史悠久、丰富多元，是广州城市景观的最大特色，也彰显了其底蕴深厚的营商基础。

（一）城市商贸文化格局：城市商圈密布发达

广州自古以来就是我国与海外交通贸易的一大港市，千年商都是广州城市发展的底色。历史记载，唐玄宗曾为四海之神封王，给广州的南海神封号为"广利王"，取的就是"广招天下贸易之利"的含义。可以说，广州城市发展的历史就是商贸发展的历史。遍布全城的商业景点，作为城市商业发展的重要载体，彰显了悠久的商都历史底蕴，奠定了今天广州的商贸格局。

以北京路为中轴的商业区一带是广州城建之始所在地，也是广州历史上最繁华的商业集散地，商业文明一脉传承，至今不衰。历代行政中心都曾分布在北京路周边，在此基础上，这里衍生了全城最早的商业中心，具有以文具纸张、古董金石和茶楼食肆等为最早的营商特点，商铺绵延，人气鼎盛。自改革开放至20世纪90年代后，糅合了深厚商业历史底蕴和现代繁华气象的北京路，成为广州最著名的文化、商业、旅游景点，如今每年在这里举行的迎春花市和广府庙会，是最有广府文化特色的城市品牌。荔湾老城区，俗称西关一带，也是广州传统商业兴盛的地带，是集衣食、住玩、购物于一体的老牌商业街。明代时即拥有"十八甫"，明朝嘉靖年间，徽州人叶权在《游岭南记》一文中对当时广州商业的繁荣景象有这样的记述："广城人家，大小俱有生意。人柔和，物价平……若吴中非倍利不鬻者，广城人得一二分息成市央。以故高贾骤集，兼有贾市，货物堆积，行人肩相击，虽小巷亦喧，固不减吴间门、杭清河坊一带也。"至清代，当时的富商巨贾纷纷在西关择地兴建住宅，靠近十三行的十八甫、上下九一带商铺林立，时人称"街市繁华，十倍苏杭"。至民国抗战胜利后，因逃离战火而各走他乡的商人纷纷回到省城开业，仍然选中了上下九这条有商业历史底蕴的街道。改革开放后，随着城市经济的复苏，西关的商业地位迅速恢复。1995年，广州第一条同时也是全国第一条商业步行街——上下九商业步行街开通，它延续了过往商业历史的荣光，集商业、建筑、民俗、饮食于一身，呈现了老广州市井风情的一面。民国初年，广州城市最重大的变化是拆城墙，开马路，当时有规划地建设了惠爱路（今中山六路）、上下九和西濠口（长堤一带）三个商业中心区，商铺、银行、茶楼、戏院林立其间，人流如织，灯火辉煌，广州近现代化的商业风貌初步形成。其中，长堤一带迅速成为商业新秀，不仅是商贸繁华之地，还创下过近代中国金融业发展的辉煌历史。在这里，诞生了中国第一批现代百货公司如先施、大新等。现代金融机构银行、保险公司纷纷开张，"当铺多过米铺"是当时长堤金融业的真实写照。繁盛的商业图景一直延续到新中国成立后，20世纪六七十年代，承继过往的商业传统，以南方大厦为代表的商厦是广州最繁盛的商业中心之一，南方大厦曾引领全国百货业，游客到广州，最不能错过的就是来长堤，领略具有南国特色风情的商业、文娱和餐饮。逛逛南方大厦，"请你去南方大厦九楼饮茶"曾经是广州人最时尚的待客节目。百年时光更迭，历经繁华与沉浮的长堤，是千年商都最丰富的历史注脚之一。

20世纪90年代至21世纪以来，融入经济全球化的广州商业迎来新一轮发展高峰，更多新型购物中心和大型商圈在各大城区纷纷崛起。广百、新大新、天河城、正佳广场、中华广场等成为闻名全国的商业地标。上下九、天河城、北京路和环市路等著名商圈，综合了各种传统与新型的商业业态，又为消费者提供了旅游、餐饮、娱乐及各种休闲服务，成为极具辐射力的综合性商业中心。规模庞大、热闹繁华的商圈和商业中心之外，在广州的街头巷尾，每一两个街区都有属于自己的杂货铺、五金店、自称"士多"的本土小店、便利店、小食店等，这些自成一体的小商圈，深入街巷，与生活圈交织在一起，让市民不出百步就能买到实惠又实用的商品，它们正是源远流长的商贸文化传统对这个城市"润物细无声"的直观体现。

（二）城市商贸文化标签：广交会和专业市场历史悠久

具有悠久历史的"广交会"和大大小小的各种专业市场，一直都是广州鲜明的商贸文化标签，这得益于千年商都的底蕴，也成就了今天广州作为国际商贸中心的地位。这些专业市场不仅是广州商贸业的重要组成部分，更体现了广州作为国家中心城市和国际贸易大都市的强大功能和巨大辐射力。诸如茶叶、纺织服装、中药材、塑料、木材、水产品等专业市场，不仅影响了国内行业价格的形成，在国际上也有广泛影响力。这里每一分钱的价格变动，都会使国内外的同类商品市场发生相关联的变动，"广州价格"成为全球价格的风向标。2016年《广州专业市场行业发展报告（2015—2016）》首次向社会公布了广州专业市场的家底：共有978个专业市场，成交额突破万亿元大关，占全国专业市场交易总额的1/7；六成以上专业市场影响力超越华南，约160个辐射全球。正如《报告》指出的，经过数十年专业市场的发展，广州集聚了一个非常强大的商贸规模和基础，这也是广州发展国际商贸城市的先决条件。

明朝，葡萄牙人初到广东，广东地方官员采用了"定期市"的外贸形式，允许葡人在澳门居住，每年夏秋两季到广州与中国商人进行外贸交易。这是有据可查的"广交会"最早的形式。从1957年起至今，中国进出口商品交易会（广交会）举办地定址广州，每年春秋两季举办，这是中国迄今为止历史最长、层次最高、规模最大、商品种类最全、到会客商最多、成交效果最好的综合性国际贸易盛会，一度是中国对外贸易的"晴雨表"。在这个有着61年历史的国际性展会里，无数企业在这里接受市场经济和对外贸易的启蒙和磨炼，开始走上自主创新和全球化的发展之路，合力助推我国在改革开放40年内跃升为世界第二大经济体。

在商业传统悠久发达的广州，"成行成市"从古至今都是城市商业风貌的一大特色，专业市场的数量、规模、品类以及影响力，长期以来居全国之冠，是广州至今仍值得引以为豪的营商资源。从历史上看，专业市场的发育历程基本上是与商品经济的发育历程同步进行的，商业越发达、商品意识越浓厚的地方，专业市场越繁荣。唐朝，广州已经形成颇具特色的专业街。比如大食街，大食街以南主要是商业旺地，经营油、米、扁担、木头、竹器等。明代广州商业发达，单一商品集中的批发市场开始形成，称为"栏"，比如荔湾区至今有一条"杉木栏路"，由地名可见这是当时的杉树木材批发市场。据史料统计，清末民初时，广州城共有各类店铺超过两万家，彼时工商业流行

"七十二行"之说，足见百业兴旺的盛况。它们延续了明清以来的格局，在各街区中形成相当精细的专业性分布，如现在的天成路、大新路、诗书路、海珠中路和纸行路一带，有专营纸张的店铺。在今天的北京路、西湖路和教育路一带，有专营书籍和文房四宝的店铺。1978年后，国家开放城乡集市贸易，并逐步放开小商品价格。基于独特的地缘优势，深厚的商贸交易历史，较为成熟的市场经济基础，灵活务实的商业观念，个体商贩和商品市场迅速在广州崛起，成为当时全国独一无二的商业风景，带动专业市场和行业街更加蓬勃发展起来，领跑全国。1980年，高第街作为广州第一个工业品市场开设，并成为全国第一个经营服装的个体户集贸市场，以经营服装、皮具、日用品等小商品为主，在鼎盛时期，其灵活的经营方式及新潮的服装款式，吸引了全国各地乃至世界的旅客和商贩，其盛况一直持续到20世纪90年代后。同样名噪一时的还有西湖路灯光夜市。始建于1984年的西湖夜市是改革开放后全国最早开办的夜市，经营者属于早期的个体户，最兴盛时有上千个档口，夜市招徕了全国各地的厂商，甚至有外国商人也慕名而来，牛仔裤、超短裙、蛤蟆镜这些当年时髦流行的商品都是从这里流向全国的。20世纪90年代后，广州的专业市场再度迎来黄金岁月，上千个专业市场涌现，涉及服装、皮具、玩具、日化、家电、电子等各种门类，广州成为全国商品最大的集散地之一。如一德路海鲜批发市场在晚清民国时就已成名，有"海味路"之称，90年代后又重现盛况。位于增槎路的江南果蔬批发市场，很多进口水果都是从海陆空各路先运到这里，再转销内地。还有火车站附近的天马服装批发市场、中山八路的儿童服装城、新港中路的中大布匹市场、滘口的岭南花卉市场、花地湾的芳村花鸟市场、芳村大道的南方茶叶市场等，都在全国声名显赫。

（三）城市商业文明传统："诚信敬业"的商业文明观念

诚实守信、敬业用心、遵守规则，这些宝贵的商业伦理作为一种城市精神，已经镌刻进广州人的血脉中，成为千年商都的文化表征，也是广州的商业历史留给当代的一笔珍贵财富。人无信则不立，商无信则无利。作为千年商都，久受商业文明的熏陶，"诚信""规则""敬业"等朴素的商业文明观念，很早就在广州人心中扎下了根。它们体现为"童叟无欺"的商业美德和"绝不以次充好"的郑重承诺。当这种商业文明观念转化为市场经济中的契约精神，便可大大降低整个社会的交易成本，带来商业的持续繁荣。特别在当下，要营造健康良好的营商环境，培育和提升新型商业文明，离不开成熟的商业文明传统。早在明代，叶权就在《游岭南记》中盛赞过广州商人的诚实："广城货物市与外江人，有弊恶者，五七日持来皆易与之，非若苏杭间转身即不认矣。"清代同治《南海县志》有时人记述："十三行互市，天下大利也，而全粤赖之。中外之货，坌集天下，四大镇殆未如也，蛮楼蠢起干云，油窗粉壁，青锁碧栏。竟街兼巷无诈无虞……"成千上万的商人、商店，能做到公平交易、童叟无欺，赢得"竟街兼巷无诈无虞"的名声，靠的就是诚信敬业的口碑。晚清时，美国商人亨特来到广州，将自己在中国的所见所闻撰述成《广州番鬼录》与《旧中国杂记》两本著作。在他笔下，广州商人的诚信令人印象深刻："作为一个商业团体，我们觉得行商在所有交易中，是笃守信用、忠实可靠的，他们遵守合约，慷慨大方。"他们依靠的并非西方式的"契约合同"，"这些合约除双方各自记账外，从无其他记录，没有书面协议和签字，也无须盖印和誓证，从未发生过故意破坏合约的事件。至于货物的数量和质量问题，行商方面是很忠实很认真地履行合约的"。清道光十年（1830年），英国议会对曾在广州做过商业贸易的英国商人进行过一次调查，大多数在广州进行过贸易的商人都声称，广州的生意几乎比世界其他一切地方都更方便，更好做。

众多广州老字号口碑历久不衰，能够在激烈的商业竞争中占有一席之地，凭的也是一份诚信和用心，这是它们共同的商业文化基因。比如，过去不少老字号都有着严格的店规，对顾客诚信用心。源自民国的老字号大学鞋店以一副醒目的对联对顾客做出诚信的担保：大学之作，实斧实凿；大学之价，实银实码。医药老字号大多讲究"古方正药"，恪守"炮制虽繁必不敢省人工，品味虽贵必不敢减物力"的古训，即便遇上药材涨价，也绝不以次充好。20世纪80年代，李锦记计划拓展生产线，首次尝试贴牌生产酱油，第一批货出口到海外，有经销商和消费者反映质量不稳定。李锦记紧急召回300多万元货物，并支付赔偿，尽管已经过去40年，这个案例至今仍被李锦记当家人铭记，此后也再未选择贴牌生产。改革开放后，以珠江水、广东粮、岭南衣为代表的广货风靡全国，在市场经济中先行一步的广州商家同样非常注重服务和信誉，比如售后服务到位、送货上门、安装调试、免费维修、一定期限内包退包换等，这些诚信用心之举都是在广州率先流行起来，再推广到全国，新时代"广货"的口碑和信誉就这样建立起来。

（四）城市商贸新形态：制度创新的实验地

广州是近代以来众多商业新形态的发源地。作为中国对外开放的一扇窗口，千年商都也是中西文化交融之地，随着西风东渐，往往最早接触到新事物、新观念。尤其是近代以来，在长期与外商交往的过程中，广州人非常善于学习，以"敢为天下先"的创新精神创办了具有现代性质的新式工矿业、交通运输业、百货销售业、金融保险业，其中很多新型的商贸模式被迅速采用，快速实现了商贸的现代化转型，成为走在全国前列的先驱之城。从1872年华侨陈启沅在南海创办昌隆机器缫丝厂开始，广东商人陆续投资缫丝、造纸、卷烟、船舶、造币等新式机器工业，最早使用机器作为动力，体现了敢为人先的勇气。先施、大新、永安等百货公司在民国先后成立，它们改变了传统店铺的经营模式和消费理念，以高大华丽的建筑、琳琅满目的商品和自由开放的购物场所，成为城市新的商业标志。当时，大新公司以经营"环球百货"为号召，所谓"百货"正是起源于这些公司的综合经营。百货公司不仅是新型商业形态，还创造了集游玩、购物、休闲为一体的消费新模式，引发了中国近代的"商业革命"。

广州是改革开放后众多经济制度创新的实验地。20世纪70年代末，在改革开放的新形势下，继续走在时代前沿的广州在经济发展和商贸活动的很多方面敢于先饮"头啖汤"，探索成功经验，创造了多个全国第一，进而推广、辐射到全国各地。1978年年底，广州率先进行水产品流通体制改革，创设了全国最早的河鲜货栈。1981年广州友谊公司开设了国内第一家超级市场，这种开架自选商品的销售模式很快得到推广，而超级市场、大型综合性超市、购物中心、专卖店、便利店等各类商业业态很快在广州得到长足发展。新型商业销售模式总是最早在广州出现，并很快发展壮大，影响力遍及全国。借锅开小食店起家的容志仁、第一个领牌执业的陈兴昌、开办"何植记鞋厂"的何炳父子……他们是改革开放后在广州诞生的第一批个体户，个体经济在广州崛起，推动了社会价值观念的新变。由于毗邻港澳，广州的外资引进也领先全国一步。1979年港商霍英东在白鹅潭畔投资兴建了白天鹅宾馆，1983年建成开业，成为国内最早的合资星级酒店。当时国内涉外酒店来访都要在大门口看证件、登记，但白天鹅宾馆率先打破了这一惯例，"打开门做生意"，不分阶层开门迎客，客流爆满，当年便实现盈利，成功带动大批外资进入广州。此举后来被全国效仿，成为行业常态。因率先引进外资和国外先进技术，生产彩电、电冰箱、音响、汽车、空调等，这些质量过硬、款式新颖的产品迅速使"广货"和众多民营企业在广州崛起。1979—1987年，广州市实际利用外资金额达6.93亿美元，居全国之首。短短十年间，作为计划经济时代的国家非重点投资地区，广州的经济总量迅速跃升至全国前列，粤文化辐射力也随之提升，"北上广"一说渐成流行。1979年10月，东山区政府与香港宝江公司合作，兴建东湖新村住宅区，这是全国第一个合资进行房地产开发的项目，东湖新村也是我国第一个商品住宅小区。建于1985年的广州工业品贸易中心打破了外贸主管部门的垄断，成为全国第一家取得外贸经营权的企业。1986年广州作为金融改革试点城市，在全国最早开始金融体制改革。20世纪90年代后，广州在外贸体制改革和外贸经济发展等方面仍然先行先试，1992年广州成为被国务院批准允许外资涉足零售业的全国六个试点城市之一。1996年，凭借优越的地理位置和丰富的市场资源，广州成为国内外商业资本进入广东甚至全国的首选，中国第一家仓储式商店万客隆登陆。

广州是全国互联网创新中心之一。面临新一轮科技革命尤其是互联网信息技术引领的新经济浪潮，20年前广州互联网发展已走在全国前列，诞生过像网易、21CN这样的互联网公司。在移动互联时代，广州更是拥有微信、酷狗、UC、唯品会这样的互联网明星企业。近年，广州积极推进国际科技创新枢纽建设，创新型企业不断涌现。截至2017年年底，广州市高新企业达到8700家，其中电子信息类的企业占到3699家。在广交会展馆所在的琶洲互联网创新集聚区，目前已有腾讯、阿里、复星、国美、小米、YY（欢聚时代）、唯品会、科大讯飞等众多互联网旗舰企业在这里拿地布局，成为新一代互联网产业的"风口"，未来将集聚近十万高端产业人才，崛起千亿元级互联网和创新产业集群。目前还有大批科技型中小企业和创新型企业正在成长，广州的创新驱动引擎正在全速开启。从商品经济到知识经济，时代在变，不变的是千年商都敢为天下先的创新精神。

第八章 擦亮千年商都城市品牌，提升广州全球影响力

千年古港与商贸之都是广州两千年城市发展史的一条主轴线，两者共同构成广州对商贸文化的传承和认同。这种商贸文化认同，不仅只是普通意义上的商业城市、市民社会，更是广州作为中国甚至世界城市发展史上的特例，历经两千年的传承和积淀所形成的，具有独特性和丰富含义的千年商都文化软实力，是广州最珍贵的历史遗产，也是与其他城市相区别的本质特征。充分挖掘这一独特的历史资源，擦亮千年商都城市品牌，提升广州全球影响力，实为当务之急、顺应时势之举。

综上所述，作为一座因商而立、因商而兴的城市，千年商都堪称广州最雄厚、最值得挖掘的文化软实力资本。广州在对外形象宣传中，应将这一元素重点介绍。

一 建立千年商都博物馆，全面展现广州历代与全球商贸往来的辉煌历史

在广州千年商都的历史长卷上，留下了说不完道不尽、雅俗共赏的文化珍宝，它体现在饮食、居住、建筑、商贸等社会生活的方方面面。这些珍贵历史文物和老物件，是千年商都历史的传承载体。因此，建议尽快收集、打捞与千年商都历史有关的历史文物和老物件，筹建千年商都博物馆，向中国乃至世

第八章 擦亮千年商都城市品牌，提升广州全球影响力 169

界呈现千年商都的辉煌历史。

建议建立"千年商都博物馆"，将千年商都历史故事以展板、实物、视频、音频、动漫、动画、专题电视片、口述等多种形式在专门的博物馆中集大成表现。也可在广州千年商都的代表商圈，如北京路商圈、上下九商圈、黄埔古港、南海神庙、天河商圈等人流众多的地方开辟专题展览区，宣传广州千年商都文化。

二 制作"千年商都城市视觉符号系统"，凸显千年商都城市品牌形象

进入21世纪以来，城市视觉符号系统已成为提升城市品牌形象的重要手段，世界各国的城市都已开始制作与使用城市视觉符号，来凸显城市的独特性、塑造与传播城市品牌形象。作为城市品牌形象传播的主要视觉载体，城市视觉符号是区别城市间差异的直接视觉载体，能让人们直观地识别城市，感知城市的独特魅力与特色（见图8-1）。

建议广州寻找专业团队，以千年商都为城市品牌与形象定位，制作一整套涵盖城市空间与社会生活的"城市视觉符号系统"。这套视觉符号系统，包含了城市建筑、街道、景观、导向指示等所有物象文化符号，如市徽、市花、市旗、吉祥物、城市别称、公共指示系统、交通标志等具有标识性的元素符号，以鲜明直观的城市标识，来传播与彰显广州千年商都的城市品

图8-1 香港、杭州和青岛的城市视觉符号标识

牌形象，提升广州在全国与世界的城市影响力。

以千年商都为城市品牌与形象定位的这套视觉符号标识系统可包括以下三个方面。

（1）设计以千年商都为主题的城市招贴宣传画，在城市重要的公共空间与大型节事活动中予以传播与呈现。

城市招贴画，由于具有极强的城市视觉辨识度，能够最直观生动地展现一座城市独具一格的文化特质，因此可利用千年商都的文化元素来制作城市招贴画。如商都文化中的十三行、代表对外通商历史的珠江文化符号、代表中外文化交流的外销画、见证"开风气之先"的广州市政建筑符号、代表近代商业"先行一步"发展的长堤文化符号，等等。将这些最能代表广州千年商都商贸文化传统，并为人们所熟知的文化符号与元素运用到招贴画的设计中，以文字与图像结合的方式来精准地塑造广州千年商都的城市品牌形象，推广至国际社会，增强广州城市的知名度与美誉度。

这些招贴画可在广州重要的城市公共空间中予以呈现，如广州图书馆、广州大剧院、广州塔、广州五星级酒店、外商活动中心等广州标致性建筑物，或聚集众多人流，或接待外宾来访的各处公共空间；还可以利用公交车站的广告陈列窗口、广州地铁的广告陈列空间、珠江游船，或者大型会展中心或展览机构予以招贴，吸引与加强城市民众在流动的物质空间中对广州城市品牌与形象的认知；还可将千年商都这一概念嵌入广州市对外形象宣传中，有选择性地运用于广州大型节事活动的宣传中，如在广州举办的大型国际会议、中国（广州）国际纪录片节、中国（广州）音乐金钟奖、广交会、羊城书香节、羊城书展，或者世界航线大会、世界港口城市大会、全世界重要城市推介或路演等重要活动，利用这些具有国际化影响力的大型节事活动，向国外与本土受众传播广州千年商都的城市国际形象。

(2) 利用千年商都文化元素制作市徽、吉祥物、纪念币、明信片等实物或用品，塑造与传播千年商都品牌形象。

目前，国内许多城市市徽、吉祥物、纪念币等城市纪念性实物的设计，都存在"似曾相识"的感觉，各个城市的特色与文化内涵并没有得到清晰与独特的呈现。而广州是千年商都，具有最雄厚的商业文化软实力，因此应该将千年商都文化元素作为主题，充分挖掘千年商都的文化元素与历史意涵，制作代表城市形象的各种纪念用品。将这种独特的城市品牌与形象通过这些具有特定意涵、代表城市重要标识特征的纪念实物予以表达与呈现，向国际世界传播广州形象，树立与加强民众对广州千年商都城市品牌与形象的认知。

(3) 设计千年商都的城市 LOGO，作为空间标识符号运用于城市重要景点街道、建筑物与交通标识系统中。

建议寻找专业团队，利用千年商都的文化元素（如前文所提到的十三行、珠江、外销画、长堤等）专门制作千年商都城市 LOGO。将这种 LOGO 运用于广州最重要的旅游景点（白云山、陈家祠、宝墨园、余荫山房等）、重要街道（北京路、商业地标天河商圈、珠江新城等）、重要建筑物（广州塔）的空间环境中，使之与景观环境和建筑环境和谐互融，利用这些吸引与聚集人流、具有地标意义的重要景观来传播千年商都的城市形象。此外，为加强千年商都的城市标识力度，可考虑在城市公共指示系统和交通标志中运用千年商都的城市 LOGO，如在重要环线公路的交通指示牌上标识城市 LOGO，在高架桥路灯上融入城市 LOGO 的元素设计（如惠州，将西湖的传统元素运用于城市街道的路灯设计中）。由于交通标识系统在日常生活中使用度极高，且具有极强的标识作用，这一 LOGO 的互融设计与运用，就能加强来到广州的外地游客和本地民众对千年商都城市品牌的认知。

三 以千年商都为城市品牌申办世博会，提升广州全球影响力

世博会被称为"经济、科技、文化领域的奥林匹克盛会"，它是世界各国在政治、经济、科技和文化等多领域进行交流，并具有极强国际影响力的大型盛宴。2010年上海通过成功申办世博会，得以在全世界推广了上海国际大都会的城市形象。上海之后，广州被认为是下一个最适合举办世博会的中国城市。珠三角中心城市交通设施完善、拥有较好的基础设施，且自身经济实力等条件都具备申办世博会的基本条件。因此，建议可将千年商都作为城市品牌来申办世博会。世博会一向提倡"欢迎、沟通、展示、合作"的发展理念，而广州是具有两千年历史的世界唯一千年不衰的贸易大港，是海上丝绸之路的主港，又是中国最早进行对外商贸与文化交流的城市，自古就成为全球经济体系中的世界贸易性城市，培育了多元、开放与包容的社会文化环境与内外通达的资源配置能力。由此，以千年商都为城市品牌申办世博会，其城市品牌形象独特鲜明、可利用的资源优势极为丰富、可借助的历史文化传统相当深厚。

建议从本书梳理与提供的"千年商都历史发展脉络""广州国际化营商环境的历史成因和特色优势"，以及"粤商故事与粤商文化"几个层面入手，以现代传播手段整合相关的历史文化资源，构思广州申博所需的实体内容、形式创意（如城市申博标志、吉祥物、城市宣传片、宣传画等），和传播策略，在内容与形式中凸显与贯穿两千年来广州商贸活动持久繁荣的辉煌奇迹，以及广州区别于世界与国内其他城市所独具的商贸历史传统；展现广州独具的商贸文化根底，开放包容的城市文化气质，国际化、优质性的城市营商环境和雄厚独特、根基扎实的商业文化软实力，以此为申办世博会提供清晰精准的城市形象定位

和鲜活生动的申办策划思路。

四 讲述粤商故事，弘扬具有全球影响力的"粤商文化"

广州之所以成为全世界唯一两千年不衰的贸易港口，直至今日仍在焕发强大的经济活力，这与粤商精神的历史传承不无关系。敢为人先、敢于开创的粤商文化，建构了千年商都商业文化的根基与特质；粤商文化将传统儒商文化与西方契约精神相结合，为千年商都规范化、有序化营商环境的建构提供了优良传统与发展动力；粤商的全球性视野与特质，又形塑了千年商都外向型、国际化的商业文化特质。由此，当下广州要建立国际化的营商环境，要提升千年商都的国际影响力，粤商是值得重点挖掘与宣传的优质资源。

（一）在影视流行文化的热潮下，推出以粤商为题材的影视作品，大力宣传与推广粤商与粤商文化

与影视制作单位合作，挖掘千年粤商的历史内涵，寻找其中的代表人物与历史故事，在尊重史实的前提下，以与当下影视流行文化相契合的方式进行创作，最好能拿出类似《胡雪岩》（宣传了徽商）、《乔家大院》（宣传了晋商）、《那年花开月正圆》（宣传了秦商）的优秀热播作品。

特别可以"十三行"与"十三行商人"为重点，寻找有代表性的千年商都故事线索，把具体的人、事、地点串联起来，注入广州文化元素，以点到面，挖掘千年商都与粤商文化的丰富内涵。如同文（孚）行的潘家、广利行的卢家、怡和行的伍家、义成行的叶家这四大行商家族的兴衰史，潘振承、潘正炜、伍秉鉴、伍崇曜等重要人物的人生故事，海山仙馆、潘氏花园等行商园林，从具体人物、事件、地点出发，通过具体生动的行商故事，可以透视广州城市商业史、文化史和生活史的多元面相，展现"广州千年商都与世界"的宏大主题。"十三行"故事呈现的是广州独有的千年商都的商业文化特色，与国家正在面向世界倡导的"一带一路"发展战略密切相关，值得重点挖掘。

（二）以口述历史的方式讲述粤商故事，传承商都文化

作为粤商核心主体崛起的广州十三行商人家族，涌现了诸如潘振承、伍秉鉴、伍崇曜、卢观恒、叶上林等诸多商界领袖，他们以家族群像的方式出现，是近代中国最富有、最有影响力的商人群体之一。而至近代，广州又是早期现代化"先行一步"和商人势力非常强大的城市，广州商人又成为推动广州城市现代化进程最重要与关键性的群体。由此，可通过开展粤商口述史的方式，打捞被历史遗忘的粤商家族，再现他们曾经谱写的商业与家族传奇，凸显粤商群体务实、开放、创新的群体特征，挖掘粤商文化的独特精髓，以此来彰显广州千年商都的深厚内蕴与文化传承。

粤商家族的口述历史可主要从家族后人口述、历史资料搜集整理等角度出发，由点及面、系统化地挖掘家族记忆。比如十三行最重要的商人潘振承家族，在十三行独揽对外贸易的85年间，曾作为十三行首领长达39年，因此，可开展有关潘家家族历史的口述活动。据悉，潘家的后人潘刚儿、潘祖尧、潘肇荣都还健在，有些仍在广州生活，可组织相关机构联络这些潘家后人，并从家族发展、潘振承个人的商业发展史、十三行商业发展史、家族日常生活等方面开展口述访谈。2006年，潘刚儿曾与人共同出版了30万字的《潘同文（孚）行》，为潘家留下了较为客观且完整的传记，可与口述访谈的内容相辅相成，依据相关内容进行进一步的资料收集与整理工作。此外，课题组也曾于几年前对广州西关大族黄氏家族第28代后人潘凝（现为古董收藏家）进行过口述访谈。黄氏家族又称西关"平地黄"，一度称雄广州西关，在晚清成为近代粤商的首富。黄氏后人潘凝现居广州，其外曾祖父黄若波曾做过朝廷高官，任刑部侍郎，她的外婆与姑妈都是成长于20世纪二三十年代的西关小姐。课题组成员曾就黄氏家族史、晚清西关大家族生活、西关小姐的日常生活等议题，联络潘凝女士做过口述访问。

建议可组织相关机构，成立专业性较强的采访与研究团队，集中且系统地开展粤商口述历史的工作，提炼粤商遗留的物质和精神遗产，为将来更有效地塑造、传播粤商群体形象及其文化价值，提供丰富可感的历史资源和文化资源。

（三）挖掘具有代表性的粤商文化与故事，出版相关书籍、图录，举办图片展，有效宣传粤商文化

可组织相关的研究机构与出版机构，以协同合作的方式，挖掘具有代表性的粤商人物，出版《粤商历史人物》书系。或策划出版千年粤商的相关图录，整理有关粤商的历史图片，以图文并茂的形式再现粤商的发展历史与精神全貌。在图录出版的基础上，在广州图书馆、方所、购书中心等地，精选粤商图片举办粤商图片展，有效地宣传粤商文化。

五 搭建广州海上丝绸之路研究与传播平台，拓展国际文化交流

汇集海内外海上丝绸之路研究专家，系统开展广州海上丝绸之路文化遗产保护与研究工作，全面推进与海上丝绸之路沿线国家及城市间的文化交流与合作，为建设"21世纪海上丝绸之路"提供历史依据和文化资源，为提升广州城市国际形象、建设国际文化名城奠定历史基石。

以中文文献史料为基础，博采各种域外文献，努力推进资

源整合与共享工作；搜集整理"海丝"申遗的材料，扎实推进"海丝"申遗工作，以丰硕的文化成果，逐步夯实广州海上丝绸之路的研究基础；以"海丝"研究为媒介，积极推动广州与海上丝绸之路沿线国家的文化交流和合作，建立广州与"海丝"沿线国家及城市间的国际合作交流机制；定期举办"海丝"国际学术研讨会，邀请澳门、越南、缅甸、新加坡、印尼及菲律宾等国家和地区的相关学术、文化机构参加，组建"海丝"研究学术联盟；同步建设广州海上丝绸之路申遗资料数据库和广州海上丝绸之路申遗网站，编撰出版广州海上丝绸之路系列丛书（包括学术丛书、译丛和图录系列）。具体而言，可对海上丝绸之路沿线国家，特别是对海上丝绸之路沿线的国家（南太平洋、印度洋各国）进行比较深入、细致的调查，搜集、拍摄当地博物馆、图书馆、大学图书馆、庙宇、华人社团所收藏的有关历史上与广州商贸文化交往的各种出土、出水文物（古陶瓷、钱币、碑刻、中国古代沉船）的图片和文献资料。在此基础上进行整理编辑，出版《海上丝绸之路图录大系》，让国内外读者了解历史上广州在海上丝绸之路上所扮演的重要角色及作用；可利用编撰图录收集的大批图片，同步组织《广州与海上丝绸之路》大型图片展，在国内及海上丝绸之路沿线国家巡回展出；还可建设广州"千年商都与海上丝绸之路"大型数据库与数字博物馆。

六 将广交会的历史推至明朝，申请"广交会"为世界非物质文化遗产

作为广州鲜明的商贸文化标签，广交会和专业市场不仅是广州商贸业的重要组成部分，更体现了广州作为国家中心城市和国际贸易大都市的强大功能和巨大辐射力。诸如茶叶、纺织服装、中药材、塑料、木材、水产品等专业市场，不仅影响了

国内行业价格的形成，在国际上也有广泛影响力。这里每一分钱的价格变动，都会使国内外的同类商品市场发生相关联的变动，"广州价格"成为全球价格的风向标。2016年《广州专业市场行业发展报告（2015—2016）》首次向社会公布了广州专业市场的家底：共有978个专业市场，成交额突破万亿元大关，占全国专业市场交易总额的1/7；六成以上专业市场影响力超越华南，约160个辐射全球。正如《报告》所指出的，经过数十年专业市场的发展，广州集聚了一个非常强大的商贸规模和基础，这也是广州发展国际商贸城市的先决条件。

（一）申请"广交会"为世界非物质文化遗产，让广州价格成为全球价格的风向标

研究指出，明朝葡萄牙人初到广东，广东地方官员采用了"定期市"的外贸形式，允许葡人在澳门居住，每年夏秋两季到广州与中国商人进行外贸交易。这是有据可查的"广交会"最早的形式。从1957年起至今，中国进出口商品交易会（广交会）举办地定址广州，每年春秋两季举办，这是中国迄今为止历史最长、层次最高、规模最大、商品种类最全、到会客商最多、成交效果最好的综合性国际贸易盛会，一度是中国对外贸易的"晴雨表"。在这个有着61年历史的国际性展会里，无数企业在这里接受市场经济和对外贸易的启蒙和磨炼，开始走上自主创新和全球化的发展之路，合力助推我国在改革开放40年内跃升为世界第二大经济体。

（二）保留并发展广州城市"成行成市"的风貌

在商业传统悠久发达的广州，"成行成市"从古至今都是城市商业风貌的一大特色，专业市场的数量、规模、品类以及影响力，长期以来居全国之冠，是广州至今仍值得引以为豪的营商资源。从历史上看，专业市场的发育历程基本上是与商品经

济的发育历程同步进行的，商业越发达、商品意识越浓厚的地方，专业市场越繁荣。唐朝，广州已经形成颇具特色的专业街。比如大食街，大食街以南主要是商业旺地，经营油、米、扁担、木头、竹器等。明代广州商业发达，单一商品集中的批发市场开始形成，称为"栏"，比如荔湾区至今有一条"杉木栏路"，从地名可见这是当时的杉树木材批发市场。据史料统计，清末民初时，广州城共有各类店铺超过两万家，彼时工商业流行"七十二行"之说，足见百业兴旺的盛况。它们延续了明清以来的格局，在各街区中形成相当精细的专业性分布，如现在的天成路、大新路、诗书路、海珠中路和纸行路一带，有专营纸张的店铺。在今天的北京路、西湖路和教育路一带，有专营书籍和文房四宝的店铺。1978年后，国家开放城乡集市贸易，并逐步放开小商品价格。基于独特的地缘优势，深厚的商贸交易历史，较为成熟的市场经济基础，灵活务实的商业观念，个体商贩和商品市场迅速在广州崛起，成为当时全国独一无二的商业风景，带动专业市场和行业街更加蓬勃发展起来，领跑全国。1980年，高第街作为广州第一个工业品市场开设，并成为全国第一个经营服装的个体户集贸市场，以经营服装、皮具、日用品等小商品为主，在鼎盛时期，其灵活的经营方式及新潮的服装款式，吸引了全国各地乃至世界的旅客和商贩，其盛况一直持续到20世纪90年代后。同样名噪一时的还有西湖路灯光夜市。始建于1984年的西湖夜市是改革开放后全国最早开办的夜市，经营者属于早期的个体户，最兴盛时有上千个档口，夜市招徕了全国各地的厂商，甚至外国商人也慕名而来，牛仔裤、超短裙、蛤蟆镜这些当年时髦流行的商品都是从这里流向全国的。20世纪90年代后，广州的专业市场再度迎来黄金岁月，上千个专业市场涌现，涉及服装、皮具、玩具、日化、家电、电子等各种门类，广州成为全国商品最大的集散地之一。如一德路海鲜批发市场在晚清民国时就已成名，有"海味路"之称，

90年代后又重现盛况。位于增槎路的江南果蔬批发市场，很多进口水果都是从海陆空各路先运到广州，再转销内地。还有火车站附近的天马服装批发市场、中山八路的儿童服装城、新港中路的中大布匹市场、滘口的岭南花卉市场、花地湾的芳村花鸟市场、芳村大道的南方茶叶市场等，都在全国声名显赫。但随着城市发展和城市管理的要求，有些专业市场面临着拆迁，有的因硬件设施跟不上日渐萎缩，如花地湾的芳村花鸟市场将于不久后拆迁，也引起了市民的广泛争议。从千年商都的文化意义上讲，这种具有典型行业特征且有历史积淀的专业市场应该予以保留。

七　传承千年商都务实、乐活的传统风习，弘扬广州特色民俗

广州深厚的重商传统铸就了民间社会"务实""乐活"的风俗习性，反映在诸多粤地风俗中，"喝早茶""逛花市""天光圩""行街市""鸡公榄"的传统生活成为最独特鲜明的广州特色民俗，因其所涵括的深厚的商贸文化元素，得以一直沿袭至当下的城市生活中。此外，粤剧、粤曲等传统曲艺，广绣、广彩瓷、象牙雕刻、广州灰塑、广州砖雕、广州榄雕、广州木雕、广州玉雕等工艺美术，也都是在千年商都的重商传统下孕育与发展出来的。建议在科学管理、有序发展的前提下，适当恢复或大力发展这些传统习俗，以现代的传播方式令其中的商贸文化元素在当代社会生活中得以生动地复现与有效地传承。

例如，在宣传与推广广州早茶习俗时，可将"早茶"看作是一个深刻承载城市商贸传统的城市文化符号，它不再只是一个平面化、单一化、停留在当下的地域文化元素，而是一个涵括了丰富的城市商贸历史发展、具有鲜活的民间气韵，并在当

下具有全球文化传播脉络的生动符号。正是由于鸦片战争后广州被辟为通商口岸，广州的商贸活动日益频繁，才使茶楼应运而生，成为满足商旅进行生意活动与商贸交流的一处公共空间，而茶楼的兴旺就带动了广州本地"喝早茶"风俗的产生与发展。由此，可考虑在广州最著名的老字号酒楼（陶陶居、泮溪酒家、广州酒家）中，开辟专门的展示空间，以电视片影像、旧照片、旧物件等方式，呈现老字号茶楼的旧时场景。这些茶楼的历史可追溯于民国时期，广州至今都保留了许多有关当时茶楼日常影像的老照片，茶楼商贸经营的各种文献资料，以及有关当时广州茶楼全城热卖的茶水与点心（如小凤饼、莲蓉饼、陶陶居月饼、陶陶居山泉茶水）的历史故事，等等。这些丰富的历史文献，均可以以实物、故事和场景的方式在老字号茶楼中予以生动的复现。同时，由于广州对外开放的商贸传统，"早茶"也成为一个跨越地域与文化，具有全球文化与商业脉络的符号，今天我们可以在世界各地看到"早茶"文化在当地的痕迹。由此也可考虑以广州"早茶"为故事线索，从广州到香港、澳门，再远到东南亚各地和欧美等国，探寻"早茶"这一文化符号的深刻历史人文内涵，挖掘"早茶"和"老广人"在不同国家、不同城市里承载的文化记忆和生活记忆。这些鲜活、富于场景感的影像、实物或故事，能更生动、更触动人心地呈现"喝早茶"风俗背后广州的商贸文化传统，以及这种商业文化软实力跨地域的发展与延续，凸显不同文化间的融合与变迁，以小见大，见微知著。

此外，在20世纪80年代，广州的夜市本来是很有代表性的商贸活动，现在已经成为一代人的时代记忆。如果条件许可，应当恢复或将这些群众性的商业活动融入广州的节庆活动中，如广州国际购物节、广州国际旅游博览会等。在当前文化创意产业风生水起的背景下，许多"创意街市""公益跳蚤市场"的兴起就是很好的群众参与的商贸活动，值得推广。

八 全方位搜集珍藏文献文物，重现海外世界的"广州记忆"

历史上的广州城，来自西方世界、阿拉伯世界等地的无数商人群体在此驻留、经商，广州与世界的商贸往来从古至今从未间断。英、法、美、瑞典、丹麦等都在广州设有商馆，与中国进行定期的国际贸易，规模庞大。云集于广州的茶叶、陶瓷、丝绸、工艺品、药品等，作为重要的中外贸易商品，长久支撑着千年商都的生命线。两千余年来广州成功实现了商人群体、资金、交通、货物、信息等多种元素的国际资源配置。今天，世界各主要国家的博物馆、纪念馆中，来自广州港口的瓷器、丝绸、工艺品或者科学标本、通草纸画等比比皆是。在秦汉至清代数个世纪的对外商贸往来中，广州给世界贸易伙伴留下了珍贵的中国记忆。在诸多西方商人、传教士，记者的传记、日记、书信、回忆录中，记载着西人与广州进行商贸往来时留下的难以忘怀的中国记忆。近年来，西方世界纪念与广州商贸往来历史的大型活动，一直在持续进行中。这些影响广泛的纪念活动，对于世界各国认识广州中外商贸交流史、塑造广州城市国际形象，具有不可低估的重要作用。

课题组建议广州从全球国际受众的文化心理、兴趣关注点、情感认同与接受方式的角度出发，通过挖掘千年商都的对外商贸历史，巧妙打好"怀旧"情感牌，借助西方世界的"中国记忆"尤其是"广州记忆"，寻找广州与西方国家源远流长的商贸往来与文化交流故事，激发各国来宾的历史情怀和心理共鸣，从心灵共鸣与记忆共振入手，塑造广州城市国际形象。为进一步挖掘千年商都的对外商贸历史，课题组建议由广州市委市政府有关部门出面，全方位搜集珍藏在海外文献、文博机构的有关广州对外商贸与文化交流历史的文献、文物资料，制作动态音像材料。出版系列丛书，如图录和译丛；定期筹办以"西方视野中的广州"为主题的专题展览，在系列"国际友好城市"中巡回展览；开展互办"友好年"综合会演活动，多角度、多层面书写有关千年商都的共同记忆，强化千年商都城市国际形象的冲击力和感染力。

九 整合千年商都的历史文化资源，助推广州向现代国际商贸中心转型

为了有效推动广州从传统商都向现代国际商贸中心转型，课题组建议可进一步探索有效的历史文化遗产保护与活化机制，强化千年商都的比较优势，整合千年商都的历史文化资源，探索更为有效的资源配置与利用方式。在此基础上，营造优美、舒适的城市空间和宜居环境，高效、便利、公平的政务环境，开放、多元的社会人文环境等，进一步提升城市文化软实力，为全球高端资源要素的引进创造良好条件。

另外，可通过有效的资源配置和宣传推介，提升广州作为千年商都的城市认知度和美誉度，充分发挥千年商都品牌影响力，加强与"一带一路"沿线国家和地区的交流合作，积极实施"走出去"和"引进来"的城市发展战略，主动与全球市场体系对标，增强全球资源配置的功能。

近年来文商旅联动开发出现了很多新的创意和方式。广州有深厚的商业文化底蕴，可考虑如何有效推动文商结合，以千年商都为素材，大力发展文化创意产业；积极推动商旅结合，以千年商都为招牌，积极引进国际知名品牌，着力打造广州综合体验型购物天堂和国际消费中心的城市形象，进一步提升城市旅游吸引力。

同时，广州作为千年商都也必须跟上时代的步伐。近年来，广州在电子商务、互联网经济等方面都取得不俗成绩。千年商

都的历史资源也可考虑如何与文化创意、技术创新相结合，尽快实现传统商贸与新经济的对接。譬如可重新整合"广交会"的历史品牌优势，进一步扩大广州会展经济的规模和拉动作用；以千年商都的文化底蕴为吸引，以跨境电商领跑全国的优势地位为带动，以琶洲互联网创新集聚区为发展重点，引导电子商务服务高端要素在广州的集聚，推动商贸业态、技术、模式的创新，推动广州从传统千年商都向现代"网络商都"的转型升级。

  历史是最好的教科书。温故可以知新，借古乃为鉴今。广州历经两千年的城市建构所形成的千年商都文化软实力保持了历时而不衰的连续性、稳定性和传承性。当前，广州正通过积极参与"一带一路"和粤港澳大湾区建设，提升国际航运、航空、科技创新枢纽能级，完善交通等基础设施，加快形成全面开放新格局，绘出广东与世界交流往来的绚丽图景，而擦亮广州千年商都城市品牌、挖掘千年商都文化软实力，将让这幅图景以卓尔不群、不可复制的魅力，吸引全世界的关注目光，极大提升广州的全球影响力。

参考文献

晁中辰：《明代海外贸易研究》，故宫出版社 2012 年版。

陈高华、吴泰：《宋元时期的海外贸易》，天津人民出版社 1981 年版。

陈里特：《中国海外移民史》，山西人民出版社 2014 年版。

陈明銶：《近代香港与广州的比较研究》，《学术研究》1988 年第 3 期。

程浩编著：《广州港史》（近代部分），海洋出版社 1985 年版。

邓端本：《广州港史》（古代部分），海洋出版社 1986 年版。

邓端本、章深：《广州外贸史》，广东高等教育出版社 1996 年版。

丁又：《香港初期史话（1841—1907 年）》，生活・读书・新知三联书店 1958 年版。

杜毅、杜颖编注：《杜重远文集》，文汇出版社 1990 年版。

范邦瑾：《唐代蕃坊考略》，《历史研究》1990 年第 4 期。

范文澜：《中国历史上的一些问题》，《中国科学院历史研究所第三所集刊》第 1 辑，1954 年。

费正清：《中国的世界秩序——传统中国的对外关系》，中国社会科学出版社 2010 年版。

冯承钧：《西域南海史地考证译丛九编》，中华书局 1962 年版。

冯承钧：《中国南洋交通史》，商务印书馆 1998 年版。

高伟浓：《唐宋时期中国东南亚之间的航路综考》，《海交史研究》1987年第1期。

关履权：《宋代广州的海外贸易》，广东人民出版社1994年版。

广东省文物管理委员会：《广东历史文化名城》，广东地图出版社1992年版。

广州市地方志编纂委员会办公室等编译：《近代广州口岸经济社会概况——粤海关报告汇集》，暨南大学出版社1995年版。

韩湖初、杨士弘：《关于中国古代"海上丝绸之路"最早始发港研究述评》，《地理科学》2004年第6期。

何正：《广州近代的百货业》，《开放时代》1984年第3期。

黄佛颐：《广州城坊志》，暨南大学出版社1994年版。

黄启臣：《广东在贸易全球化中的中心市场地位——16世纪中叶至19世纪初叶》，《福建师范大学学报》（哲学社会科学版）2004年第1期。

黄启臣：《清代前期海外贸易的发展》，《历史研究》1986年第4期。

黄启臣主编：《广东海上丝绸之路史》，广东经济出版社2014年版。

蒋祖缘、方志钦：《简明广东史》，广东人民出版社2006年版。

蒋祖缘：《明代广州的商业中心地位与东南一大都会的形成》，《中国社会经济史研究》1990年第4期。

蒋祖缘主编：《广东航运史》（近代部分），人民交通出版社1989年版。

李承基：《澳资永安企业集团创办人郭乐与郭泉》，《中山文史》第52辑。

李庆新：《从颜俊彦〈盟水斋存牍〉看明末广州、澳门贸易制度若干变动》，《学术月刊》2001年第1期。

梁国昭：《广州港：从石门到虎门——历史时期广州港口地理变化及其对城市空间拓展的影响》，《热带地理》2008年第3期。

梁嘉彬：《广东十三行考》，广东人民出版社1999年版。

廖声丰：《乾隆实施"一口通商"政策的原因——以清代前期海关税收的考察为中心》，《江西财经大学学报》2007年第3期。

林济：《潮商》，华中理工大学出版社2001年版。

林家劲：《两宋时期中国与东南亚的贸易》，《中山大学学报》1964年第4期。

林天蔚：《宋代香药贸易史稿》，"中国"文化大学出版部1986年版。

刘鉴唐：《鸦片战争前四十年间鸦片输入与白银外流数字的考察》，《南开史学》1984年第1期。

马逢达：《广州蕃坊考》，《越秀文史》第7辑，1997年。

穆根来等译：《中国印度见闻录》，中华书局1983年版。

聂宝璋编：《中国近代航运史资料（1840—1895）》第1辑，上海人民出版社1983年版。

全汉升：《明代中叶后澳门的海外贸易》第5卷，《香港中文大学中国文化研究所学报》1972年第1期。

全汉升：《明中叶后中日间的丝银贸易》，《中研院史语所集刊》第55本第4分，1973年。

全汉升：《中国经济史论丛》，香港中文大学新亚书院，1972年。

全汉升：《中国经济史研究》，稻乡出版社1991年版。

孙光圻：《中国古代航海史》，海洋出版社2005年版。

汪敬虞编：《中国近代工业史资料》第2辑下册，科学出版社1957年版。

王士鹤：《明代后期中国—马尼拉—墨西哥贸易的发展》，《地理集刊》1964年第7期。

王先庆：《试论现代粤商的个性特征及其对外扩张问题》，《商业经济文荟》2006年第6期。

王元林：《海陆古道—海陆丝绸之路对接通道》，广东经济出版社 2015 年版。

王元林：《唐开元后的梅岭道与中外商贸交流》，《暨南学报》（人文科学与社会科学版）2004 年第 1 期。

王仲荦：《魏晋南北朝史》，上海人民出版社 1979 年版。

魏立华、阎小培：《清代广州城市社会空间结构研究》，《地理学报》2008 年第 6 期。

吴家诗：《黄埔港史》，人民交通出版社 1989 年版。

武堉干：《中国国际贸易史》，商务印书馆 1928 年版。

许檀：《清代前期流通格局的变化》，《清史研究》1999 年第 3 期。

严中平：《中国近代经济史统计资料选辑》，科学出版社 1955 年版。

姚贤镐：《中国近代对外贸易史资料》，中华书局 1962 年版。

叶显恩主编：《广东航运史》（古代部分），人民交通出版社 1989 年版。

曾新：《明清广州城及方志的城图研究》，广东人民出版社 2013 年版。

曾昭璇：《广州历史地理》，广东人民出版社 1991 年版。

曾昭璇：《历史时期珠江三角洲河道变迁研究》，华南师范学院地理系，1979 年。

张锦鹏：《南宋交通史》，上海古籍出版社 2008 年版。

张荣芳：《秦汉史与岭南文化论稿》，中华书局 2005 年版。

张星烺：《中西交通史料汇编》第 2 册，中华书局 1977 年版。

张仲礼：《1834—1867 年我国对外贸易的变化与背景》，《学术月刊》1960 年第 9 期。

章深：《广州：汉代中国海上丝绸之路第一大港》，《学术研究》2015 年第 10 期。

章巽：《我国古代的海上交通》，商务印书馆 1986 年版。

赵焕庭：《番禺是华南海上丝路最早的始发港》，《地理科学》2006年第1期。

周运中：《中国南洋古代交通史》，厦门大学出版社2015年版。

朱培初：《明朝陶瓷和世界文化的交流》，轻工业出版社1984年版。

［阿拉伯］马苏第：《黄金草原》，耿昇译，青海人民出版社1999年版。

［阿拉伯］伊本·胡尔达兹比赫：《道里邦国志》，宋岘译注，中华书局1991年版。

［法］弗朗索瓦·吉普鲁：《亚洲的地中海：13—21世纪中国、日本、东南亚商埠与贸易圈》，龚华燕、龙雪飞译，新世纪出版社2014年版。

［美］范岱克：《广州贸易：中国沿海的生活与事业（1700—1845）》，江滢河、黄超译，社会科学文献出版社2018年版。

［美］马士：《东印度公司对华贸易编年史》，区宗华等译，中山大学出版社1991年版。

［美］马士：《中华帝国对外关系史》，张汇文等译，商务印书馆1963年版。

［美］彭慕兰、史蒂文·托皮克：《贸易打造的世界——1400年至今的社会、文化与世界经济》，黄中宪、吴莉苇译，上海人民出版社2018年版。

［美］威廉·亨特：《广州"番鬼"录》，冯树铁译，广东人民出版社1993年版。

［美］谢弗：《唐代的外来文明》，中国社会科学出版社1995年版。

［美、英］牟复礼、崔瑞德：《剑桥中国明代史》上卷，中国社会科学出版社1992年版。

［葡］皮列士：《东方志·从红海到中国》，何高济译，江苏教育出版社2005年版。

［日］桑原骘藏：《蒲寿庚考》，中华书局 1929 年版。

［日］桑原骘藏：《唐宋贸易港研究》，山西人民出版社 2015 年版。

［日］松浦章：《海上丝绸之路与亚洲海域交流（15 世纪末—20 世纪初）》，孔颖编译，大象出版社 2018 年版。

［日］藤田丰八：《宋代之市舶司与市舶条例》，商务印书馆 1936 年版。

［日］真人元开：《唐大和上东征传》，中华书局 1979 年版。

［瑞典］龙思泰：《早期澳门史》，东方出版社 1997 年版。

［意］利玛窦、金尼阁：《利玛窦中国札记》，何高济等译，中华书局 1983 年版。

［意］《马可波罗行纪》，冯承钧译，上海书店出版社 2001 年版。

［英］弗兰克·韦尔什：《香港史》，中央编译出版社 2007 年版。

［英］格林堡：《鸦片战争前中英贸易通商史》，康成译，商务印书馆 1961 年版。

［英］胡夏米：《"阿美士德"号 1832 年上海之行记事》，载《上海研究论丛》第 2 辑，上海社会科学院出版社 1989 年版。

C. A. Montalto de Jesus, *Historic Macao*, Hong Kong: Oxford University Press, 1984.

C. R. Boxer, *Fidagos in the Far East, 1550—1770, Fact and Fancy in the History of Macao*, The Hague: Marinus Nijhoff, 1948.

C. R. Boxer, *The Great Ship from Amacon: Annals of Macao and the Old Japan Trade, 1555—1640*, Lisboa: Centro de Estudos Historicos Ularamarinos, 1959.

F. Hirth & W. W. Rockhill, *Chau ju Kua: His Work on the Chinese and Arab Trade in the Twelfth and Thirteenth Centuries*, St. Petersburg: Imperial Academy of Sciences, 1911.

G. B. Endacott, *A History of Hong Kong*, London: Oxford University Press, 1958.

G. F. Hourani, *Arab Seafaring in the Indian Ocean in Ancient and Early Medieval Times*, Princeton: Princeton University Press, 1951.

H. B. Morse, *The Gilds of China: With an Account of the Gild Merchant or Co-hong of Canton*, New York: Russell & Russell, 1967.

H. B. Morse, *The Trade and Adminstration for the Chinese Empire*, London: Longmans, Green and Company, 1908.

Kong Hong, *Historical and Statistical Abstract of the Colony of Hong Kong*, Hong Kong: Noronha & Co, Government Printers, 1911.

Michael Greenberg, *British Trade and the Opening of China*, Cambridge: Cambridge University Press, 1969.

Peter Auber, *China*, London: Parbury, Allen and Company, 1834.

R. M. Martin, *China, Political, Commercial and Social*, Vol. 11, London: James Madden, 1847.

Tien-tse Chang, *Sino-Portuguese Trade from 1514—1644, A Synthesis of Portuguese and Chinese Sources*, New York: AMS Press, 1973.

W. S. Atwell, "International Bullion Flow and the Chinese Economy Circa 1530—1650", *Past and Present*, Vol. 95, 1982.